Peter Rautmann | Kirsten Hinderer

tages zeiten

Caspar David Friedrich in Hannover

Landesmuseum Hannover
Das WeltenMuseum

EINE INSTITUTION DES LANDES
Niedersachsen

SCHNELL + STEINER

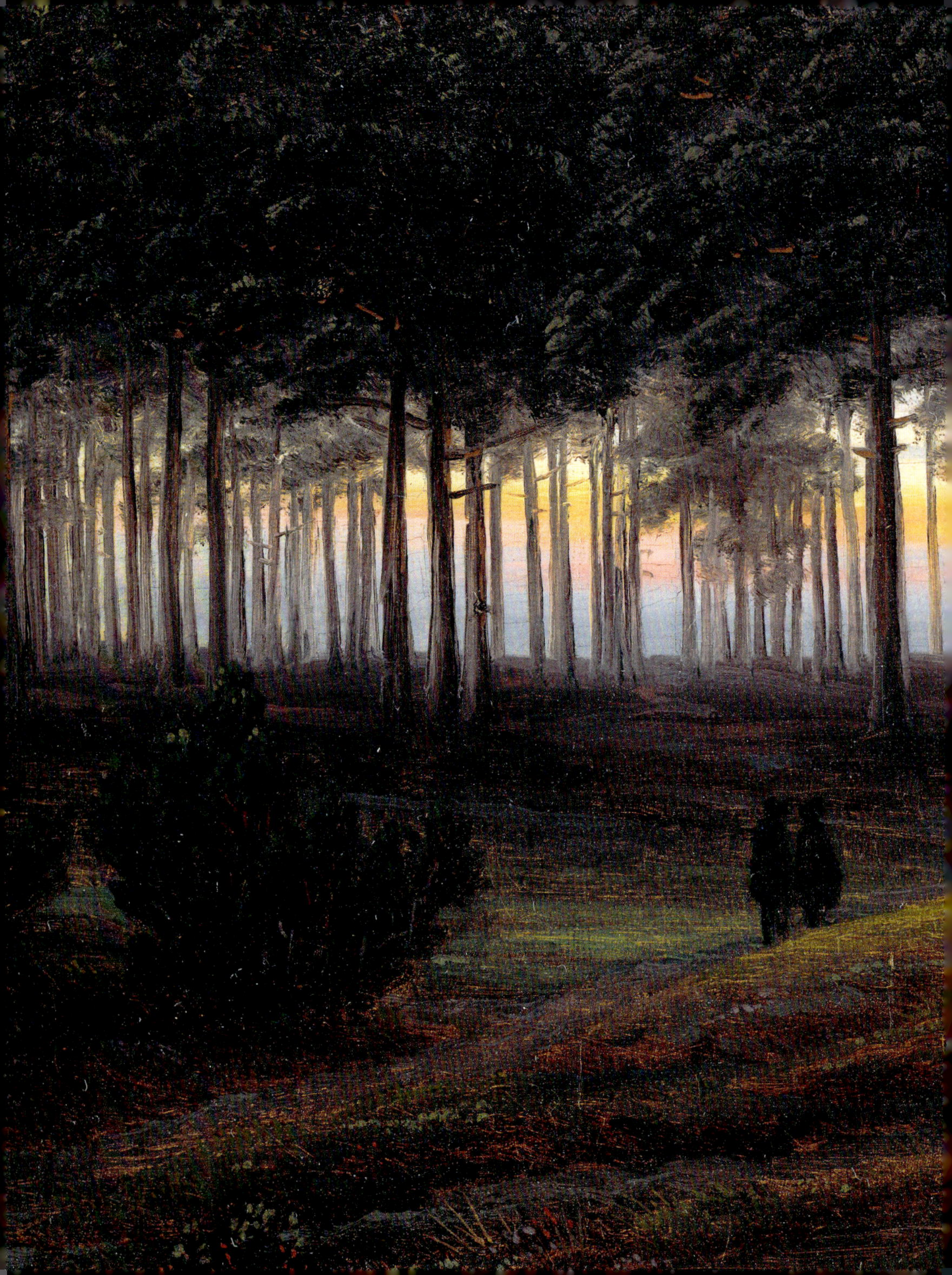

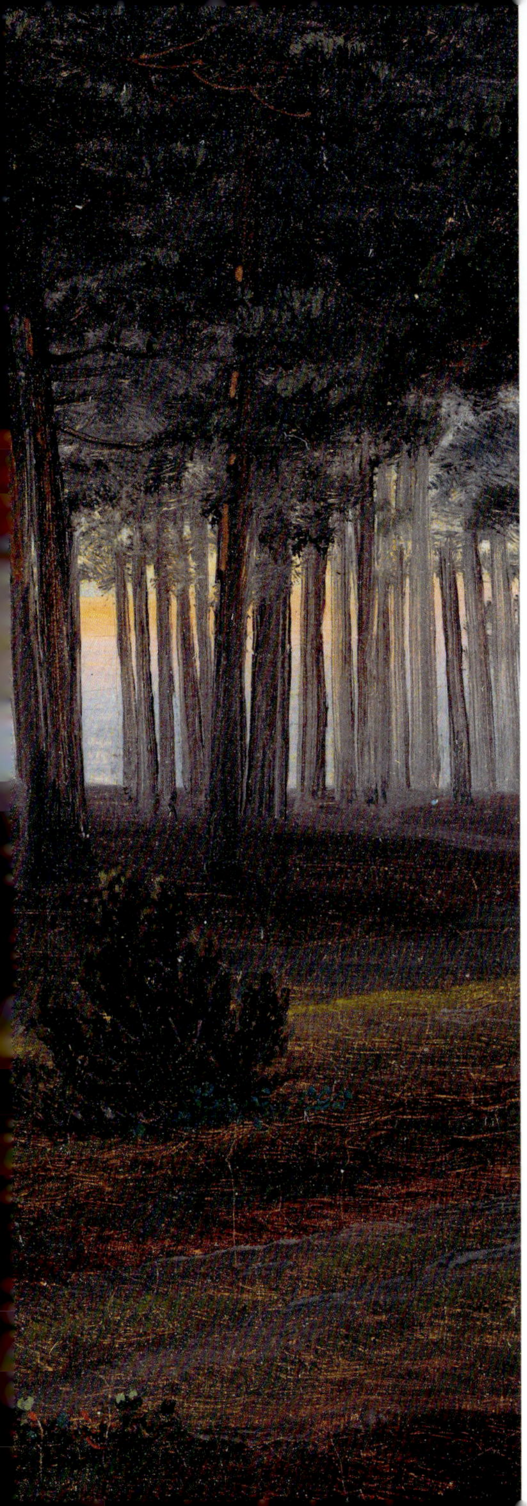

inhalt

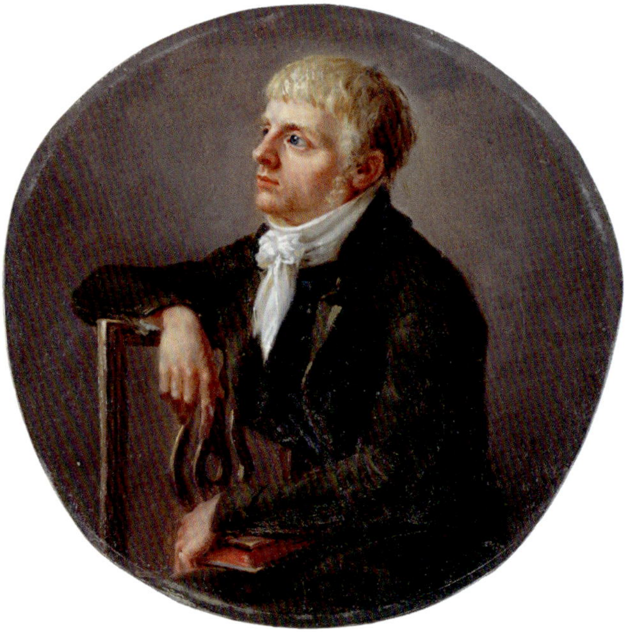

KAT. 1 Johann Ludwig Gebhard Lund
Porträt Caspar David Friedrich
1800, Öl auf Zinkblech, Dm. 13,1 cm
KM 400/1912, Dauerleihgabe der Landeshauptstadt Hannover

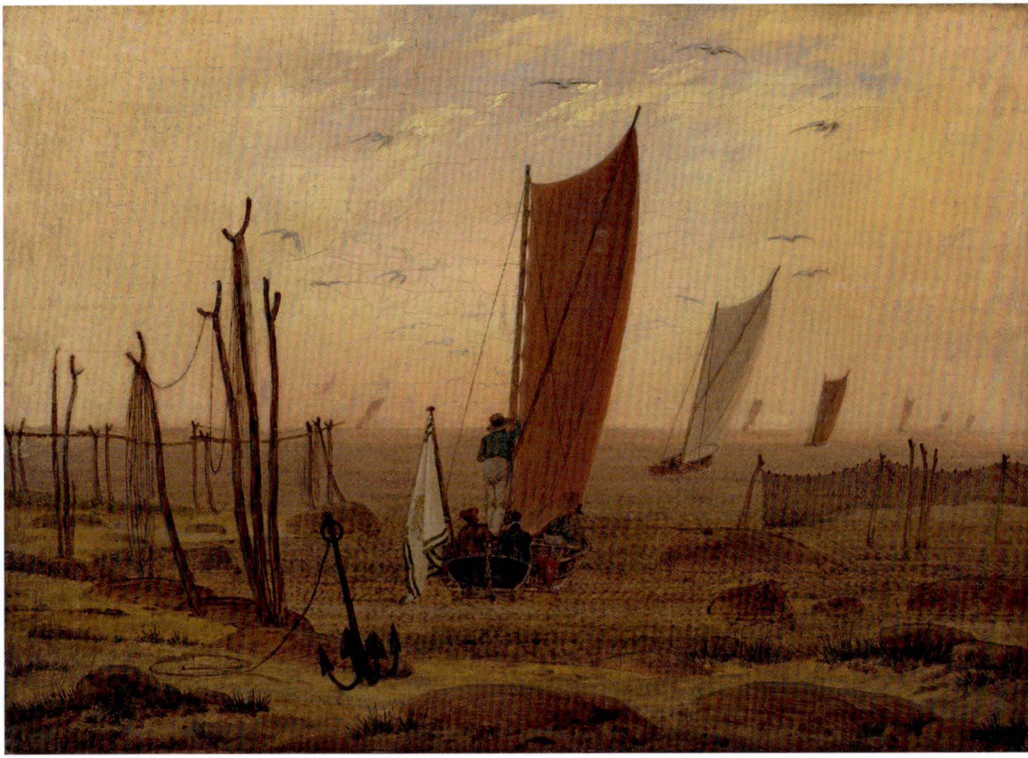

Bei »Morgen (Ausfahrende Boote)« handelt sich mit hoher Wahrscheinlichkeit um sogenanntes »NS-Raubgut«. Es gibt Hinweise auf zwei mögliche Vorbesitzer, die aufgrund ihrer jüdischen Herkunft von den Nationalsozialisten verfolgt wurden. Trotz intensiver Recherchen konnte die Provenienz bisher nicht lückenlos geklärt werden.

KAT. 2 Caspar David Friedrich
Morgen (Ausfahrende Boote)
um 1818, Öl auf Leinwand, 22,3 × 30,3 cm
PNM 635 © Landesmuseum Hannover

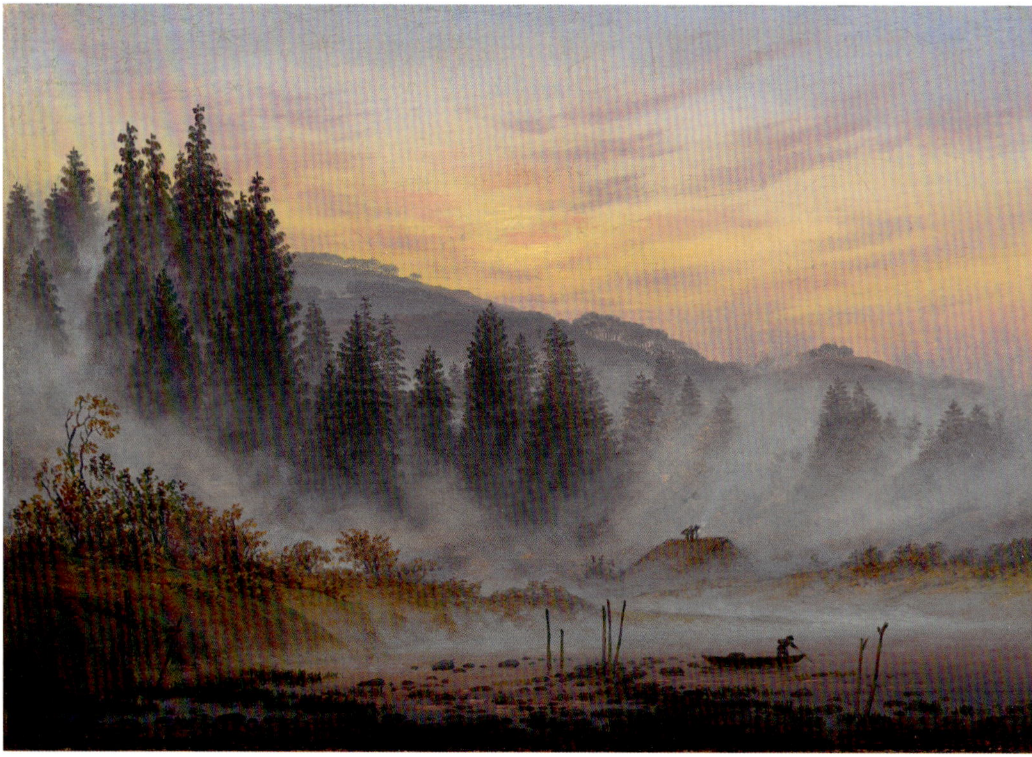

KAT. 3 Caspar David Friedrich
Morgen
1820–1821, Öl auf Leinwand, 22,3 × 30,4 cm
PNM 382 © Landesmuseum Hannover

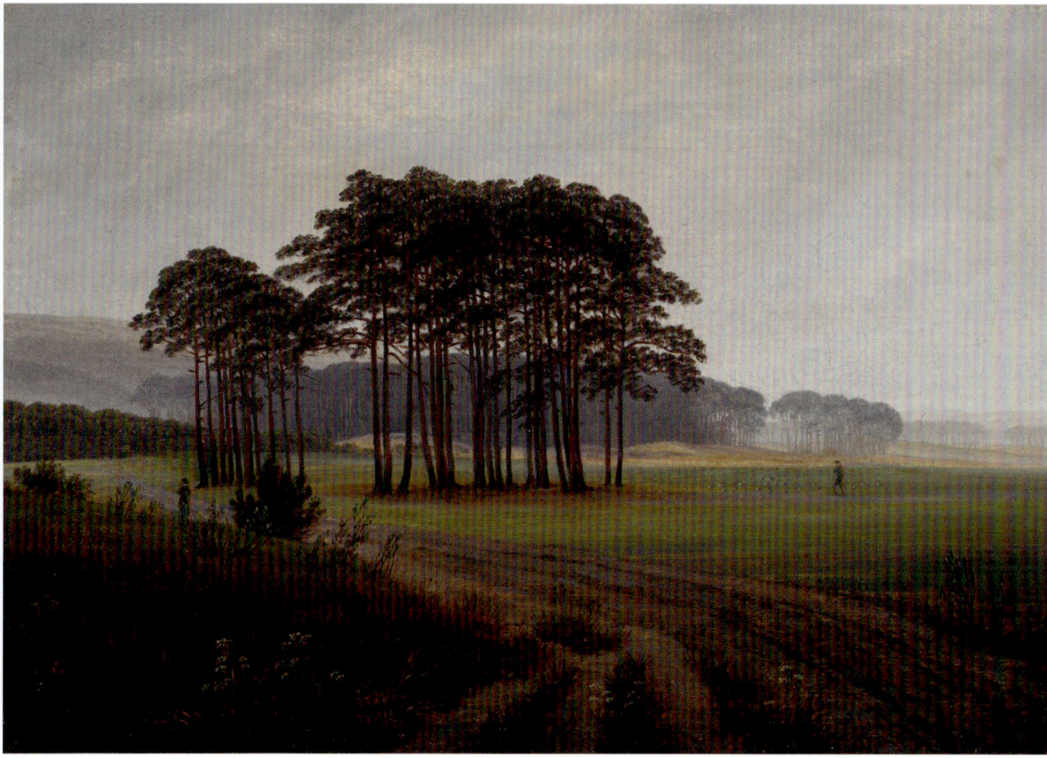

KAT. 4 Caspar David Friedrich
Mittag
1820–1821, Öl auf Leinwand, 21,9 × 30,3 cm
PNM 383 © Landesmuseum Hannover

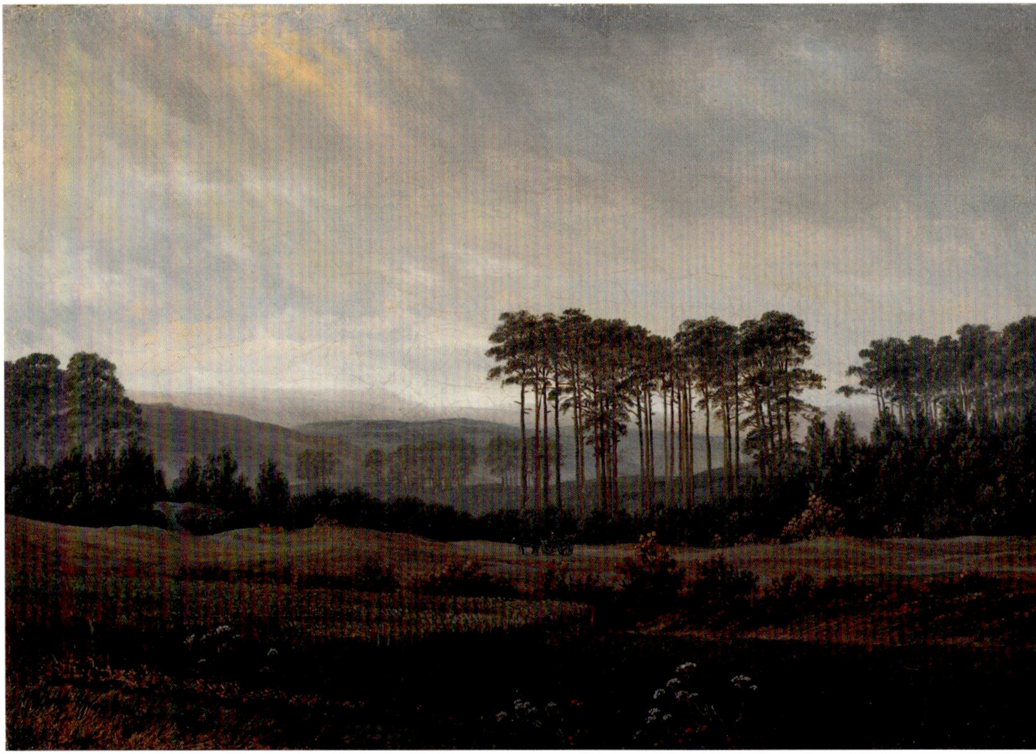

KAT. 5 Caspar David Friedrich
Nachmittag
1820–1821, Öl auf Leinwand; 21,8 × 30,5 cm
PNM 384

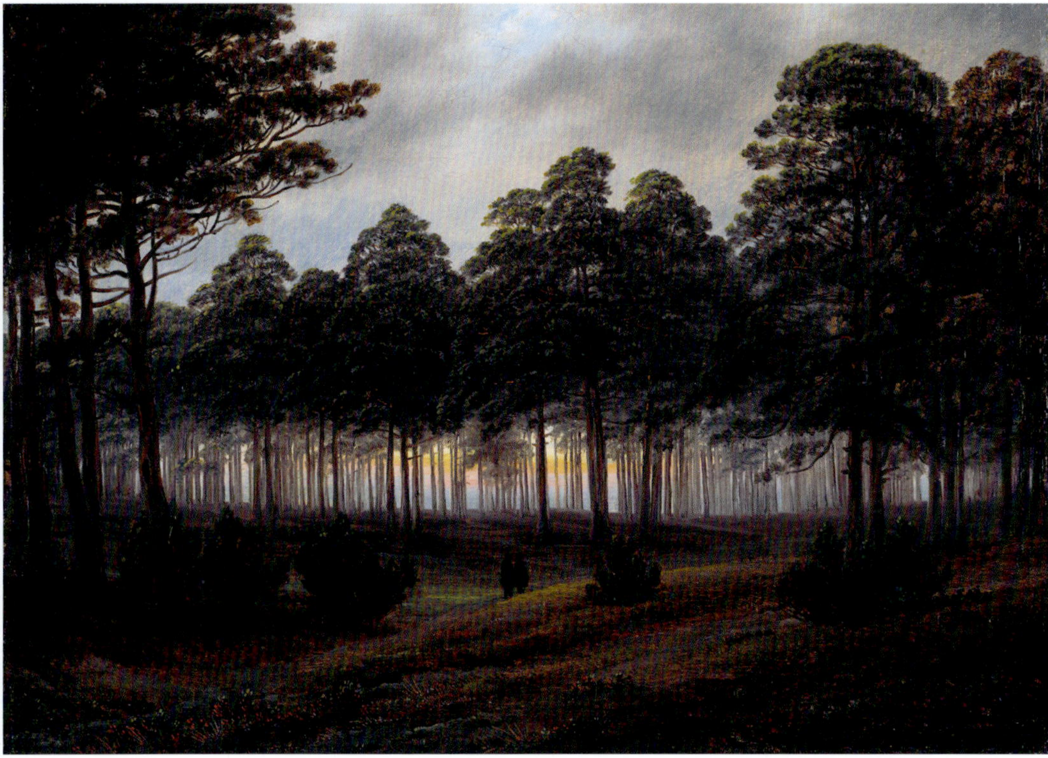

KAT. 6 Caspar David Friedrich
Abend
1820–1821, Öl auf Leinwand, 22 × 31 cm
PNM 385 © Landesmuseum Hannover

PETER RAUTMANN

entzifferte hieroglyphen caspar david friedrichs tageszeitenzyklus in hannover

Einführung

Das Landesmuseum Hannover bewahrt den einzigen vollständigen Tageszeitenzyklus von Caspar David Friedrich weltweit auf (Kat. 3–6). Anlässlich des 250. Geburtstags von Caspar David Friedrich, der sich am 5. September 2024 jährt, gab es bereits eine große Ausstellung in Hamburg unter dem Titel »Caspar David Friedrich. Kunst für eine neue Zeit«, es folgt eine weitere in Berlin »Caspar David Friedrich. Unendliche Landschaften« und schließlich in Dresden unter dem Titel »Wie alles begann«. Parallel während des ganzen Jahres finden auch Friedrich-Ausstellungen in Greifswald statt. Das Landesmuseum Hannover zeigt in einer Kabinettausstellung seinen Tageszeitenzyklus, sowie den »Morgen (Ausfahrende Boote)« (Kat. 2) des »Schiffszyklus« und das Friedrich-Porträt des dänischen Malers und engen Freundes Johann Ludwig Gebhard Lund (Kat. 1). Aus diesem Anlass erscheint der vorliegende Band.[1]

Caspar David Friedrich gilt heute als der wichtigste Landschaftsmaler der deutschen Romantik. Sein Werk ist zu einem Publikumsmagnet geworden, wie die erste Friedrich-Ausstellung in diesem Jahr in Hamburg bereits zeigte, die mit über 325.000 Besuchern und Besucherinnen schloss. Im Werk des Künstlers sind die Tages- und Jahreszeiten-Zyklen und Pendants besonders wichtig. In ihnen wird die Entwicklung des menschlichen Lebens in Zusammenhang mit der Natur als Landschaft und deren tageszeitlichen und jahreszeitlichen Veränderungen gestellt, das heißt, das menschliche Leben zwischen Kindheit, Erwachsensein bis Greisenalter und Tod in Analogie zu Frühling, Sommer, Herbst und Winter. Im Schiffszyklus, der ein Tageszeitenzyklus zu Wasser mit Meeresmotiven ist und von dem das Landesmuseum den »Morgen (Ausfahrende Boote)« besitzt, wird im Tagesverlauf die psychische Entwicklung und reale Tätigkeit der Menschen zwischen

Aufbruch und Rückkehr, Leben und Tod gezeigt. Dem geschlossen erhaltenen Tageszeitenzyklus, auch mit seinen Besonderheiten, ist der folgende Text gewidmet.

In der bestehenden Forschung schwankt der Tageszeitenzyklus in seiner Bedeutung. Während Gustav Pauli, der ehemalige Rektor der Bremer und Hamburger Kunsthalle, 1916 ein vernichtendes Urteil fällte, «Es war so ziemlich das unbedeutendste, was mir bisher von ihm zu Gesicht gekommen war«, zweifelte Helmut Börsch-Supan 1973 an, dass es sich überhaupt um einen genuinen Zyklus handelt. Den Kontrast zwischen Tätigkeit und Kontemplation, sowie Varianten einer Stimmung stellte derselbe als auffallende Merkmale heraus. Momoko Ochiai hat in ihrer den Tages- und Jahreszeitenzyklen Friedrichs generell gewidmeten Dissertation von 2015 geschrieben, dass der Zyklus »eher naturalistische Landschaften« zeige. Die nachstehende Darstellung dagegen möchte zeigen, dass der Tageszeitenzyklus in Hannover eingebettet ist in das Werk wie ästhetischen Aussagen Friedrichs und in ihm, trotz des kleinen Formats, eine große Bedeutungsbreite entfaltet wird – ganz entsprechend seiner großformatigen Werke.[2]

Der Zyklus

In jedem der vier Bilder des Zyklus wird eine spezifische Szene in der Landschaft mit einer besonderen Handlung beziehungsweise Haltung des oder der Menschen verbunden, wobei das »Morgen«- und »Abend«-Bild als Rahmen des Zyklus fungieren. Der aufklarenden Gebirgslandschaft mit Tannen-/Fichtenwald und See am »Morgen« mit einem Fischer in seinem Boot steht am »Abend« ein bildbeherrschender Kiefernwald mit einem Rückenpaar gegenüber, das die untergehende Sonne beobachtet. Aktivität und Kontemplation sind die gegensätzlichen Haltungen. Zwischen den Polen »Morgen« und »Abend« sind »Mittag« und »Nachmittag« mit ihren Tageszeiten und Varianten menschlicher Tätigkeiten eingeschoben und verankert. Dem Schäfer am »Mittag« zugehörig ist eine am linken Bildrand sich entfernende Frau, während im »Nachmittag« eine landwirtschaftliche Nutzung der Natur und ein Bauer in seinem Pferdewagen zu sehen sind. Die Darstellung der Personen in den beiden mittleren Landschaften sind ein Echo auf die stärkeren Kontraste von Tätigkeit und Kontemplation der Rahmenbilder.

Die Provenienz

Der Erstbesitzer des Hannoverschen Tageszeitenzyklus war Friedrich Heinrich Wilhelm Körte (1776–1848) in Halberstadt (Abb. 1). Im Besitz der Nachfahren Körtes blieb er bis zum Anfang des 20. Jahrhunderts – zuletzt Geheimer Sanitätsrat Dr. Körte, Berlin – und wäre es wohl noch, wenn nicht, ausgelöst durch die Jahrhundertausstellung deutscher Kunst von 1906, Caspar David Friedrich nach langem Vergessen wiederentdeckt worden wäre. Dies war vor allem den Direktoren der Hamburger Kunsthalle Gustav Pauli und Alfred Lichtwark und der Berliner Nationalgalerie Hugo von Tschudi zu verdanken, aber auch dem norwegischen Kunstforscher Andreas Aubert, der, auf den Spuren des

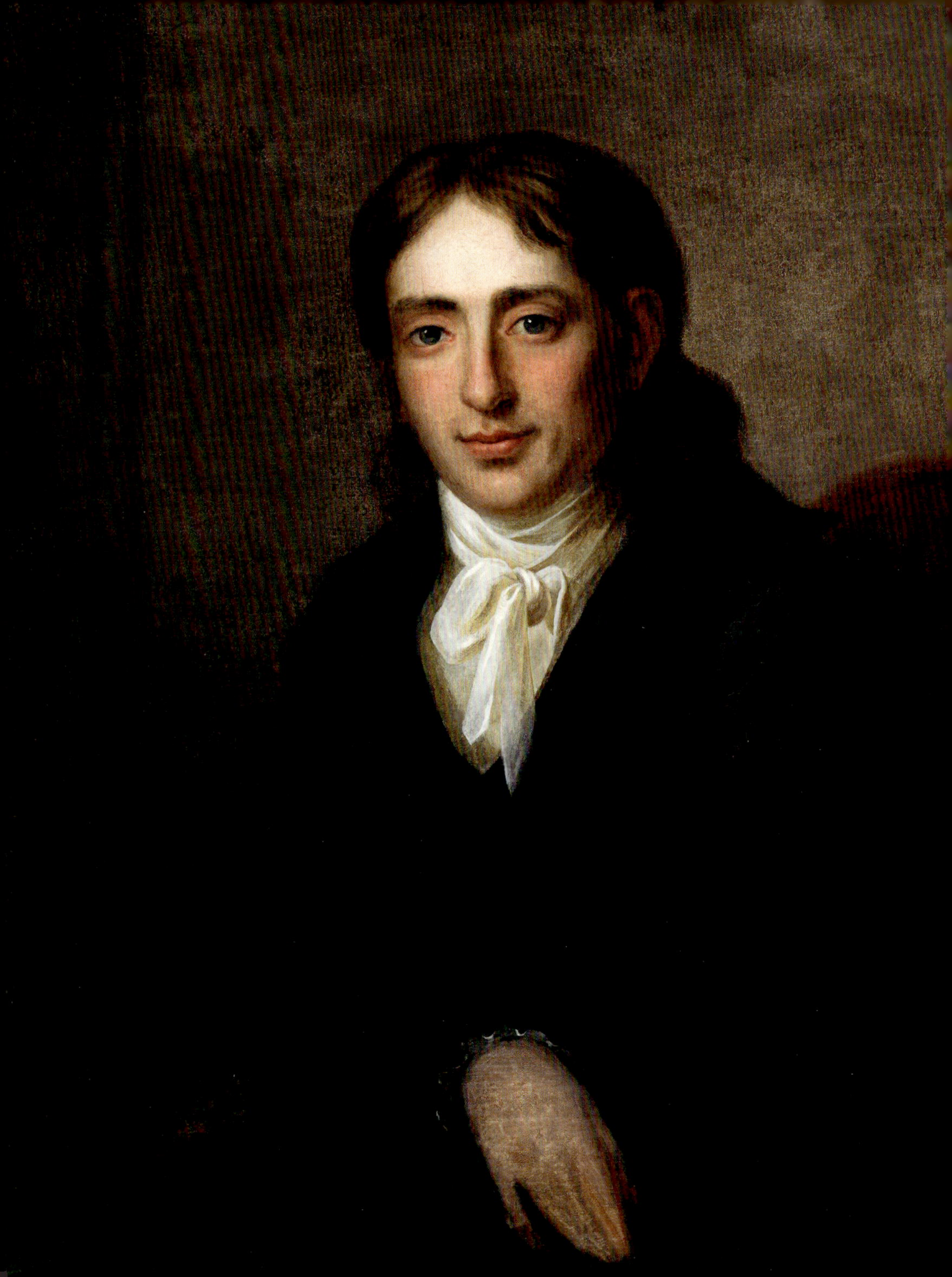

norwegischen Malers Johann Christian Dahl, seinerseits früh auf Friedrich aufmerksam geworden war und mit ersten Forschungen begonnen hatte. Von der Familie kaufte den Zyklus die Galerie Karl Haberstock, die ihn ihrerseits dem damaligen Provinzialmuseum in Hannover, dem heutigen Niedersächsischen Landesmuseum angeboten hat. Das Museum erwarb den Zyklus im Jahr 1916 für 7.850 Reichsmark und inventarisierte ihn unter den Nummern PNM 382–385 als Landeseigentum.[3]

Die Entstehungszeit

Für die Datierung des Tageszeitenzyklus ist ein Brief wichtig, den der Maler am 21. Juli 1821 an seinen Auftraggeber Wilhelm Körte geschrieben hat. Friedrich beginnt mit der Bestätigung der Bezahlung:

»… Schuldigen Dank für die von E. Wohlgeborenen richtig erhaltenen Sechzehn Stück Louisdor, und ich könnte wohl noch im voraus für die noch zu erhaltenden 11 (Taler-Zeichen) danken.«[4] Friedrich bedankt sich also für die zuerst genannten 16 Louisdor. Bei dem zweiten Betrag handelt es sich jedoch nicht um 11 Louisdor, wie Börsch-Supan schreibt und im Bestandskatalog des Landesmuseum vermerkt ist, sondern, wie Zschoche berichtigt, um 11 Taler.[5] Somit bleiben lediglich die 16 Louisdor, die für die vier Bilder des Tageszeitenzyklus infrage kommen.[6] Offen ist, wofür die 11 Taler stehen.[7] Diese könnten sich entweder auf eine ausstehende Restzahlung beziehen, oder die Versandkosten betreffen. Ein ursprünglich von Börsch-Supan angenommener zweiter Brief an Körte vom 1. Nov. 1822 hat, wie sich herausstellte, tatsächlich einen anderen Adressaten, nämlich einen Konsul Wagener in Berlin. Diese Quelle ist daher weder für die Bezahlung noch für die Datierung des Hannoverschen Tageszeitenzyklus relevant.[8] Daraus ergibt sich als Entstehungstermin pro ante der 21. Juli 1821. Unabhängig von weiter unten behandelten Differenzierungen in den Bildern des Zyklus ist von einer gemeinsamen Entstehung und gleichzeitigen Lieferung des gesamten Zyklus an Körte auszugehen. Sämtliche Bilder des Zyklus sind demnach 1820–1821 entstanden.

Der Morgen

Es ist früher Morgen (Kat. 3). Noch ist die Welt in Nebel gehüllt, der erst im weiteren Tagesverlauf einer größeren gegenständlichen Klarheit in der Landschaft weichen wird. Im Hintergrund bildbestimmend ist ein nach rechts abfallender Gebirgssaum, dessen Hang größtenteils von einem ebenfalls nach rechts abfallenden Fichten-/Tannenwald verdeckt wird, der sich über die ganze Bildbreite erstreckt. Aufgegriffen wird diese Ausrichtung durch einen den Vordergrund bestimmenden See, dessen linke Uferböschung ihn begrenzt und kompositorisch gleichzeitig in den Mittelgrund führt. Der

Abb. 1
Georg Friedrich Adolph Schöner
Friedrich Heinrich Wilhelm Körte
1800, © Gleimhaus Halberstadt – Museum der deutschen Aufklärung

abfallenden Linie antworten langgezogene, aufsteigende rosa und violette Wolkenbänder vor gelbfarbigen Himmel, der nach oben ins Bläuliche übergeht. Beide »Bewegungen« – die fallende wie die steigende – unterstützen eine öffnende Richtung nach rechts, der traditionellen Links-rechts-Orientierung europäischer Schreib- und Lesegewohnheiten entsprechend. Zwischen bewaldeten Berghang und Ufer steht, auch im Nebel gehüllt, ein Bauernhaus, aus dessen Schornstein heller Rauch aufsteigt. Im See davor geht ein Fischer in einem flachen Kahn seiner Tätigkeit nach. Mit einer Stange scheint er im Wasser nach einem Netz oder im Flachwasser ausgelegten Reusen zu suchen. Am Ufer ragt eine Reihe von Stöcken empor, die darauf verweist, dass hier Fischernetze aufgehängt werden können. Im Wasser, aus dem viele halbrunde Findlinge auftauchen, spiegelt sich rötlich der Morgenhimmel. Es beginnt ein neuer Tag, der in seiner Ausrichtung bereits auf die folgenden Bilder des Zyklus, auf den Mittag, Nachmittag und Abend verweist.

Der Mittag

»Der Mittag« zeigt eine den Blick in die Weite führende Landschaft (Kat. 4). Diese ist in ein dunstiges Sonnenlicht getaucht, ohne dass die Sonne selbst zu sehen ist, aber ihr Licht durchdringt alles. Der breite, von Fuhrwerkspuren durchfurchte Landweg führt zunächst in die Tiefe, um dann abrupt nach links abzubiegen und sich in der Ferne zu verlieren. In diese folgt ihr eine Frau mit Hut und langem Kleid, ohne dass ihr Ziel erkennbar wäre. Der Wegesrand ist mit Büschen, Grasstreifen und blühenden Pflanzen bestanden. In der bildbestimmenden flachen, in frischen Grüntönen sich erstreckenden Wiesen- und Weidenlandschaft ragen eine kleinere und eine größere dicht beieinander stehende Baumgruppe von hochgewachsenen Kiefern mit schlanken Baumstämmen empor. In der Nähe steht ein Schäfer mit seiner in grauen und weißen Punkten angedeuteten Schafherde. Im Hintergrund schiebt sich eine langgezogene Baumreihe, wohl auch aus Kiefern, nahezu über die ganze Bildbreite. Nur am rechten Bildrand bleibt der Blick offen bis zu dem im Dunst liegenden fernen Horizont. Das Bild strahlt Ruhe aus und stellt einen Moment scheinbarer Dauer dar, dem auch die kleine Figur am Wegesrand, fast auf gleicher Bildhöhe wie der Schäfer, nicht stören kann.

Der Nachmittag

»Der Nachmittag« ist bestimmt von wellenartig in die Tiefe führenden Landschaftszonen, deren Mittelgrund von einer niedrigen Baumreihe begrenzt wird (Kat. 5). Aus ihr ragt eine Gruppe hochgewachsener Kiefern empor, die aber noch den Blick freigibt auf flache Gebirgszüge im Hintergrund. Eine bäuerlich genutzte und eine unberührt gebliebene Landschaftszone grenzen direkt aneinander. Vor dem vorderen Ackerstreifen führt, nahezu parallel zur Bildebene, ein von Blütenpflanzen gesäumter Weg entlang. Der Acker ist rechts bereits abgeerntet, während den linken Teil reifes Getreide füllt. Büsche begrenzen das bäuerlich genutzte Feld. Die angrenzende Weide ist von einem Feldweg durchzogen, auf dem sich ein Pferdewagen mit einem Bauern zugleich im Zentrum der Landschaft befindet und von hier nach links fahren wird. Der Himmel ist wolkenverhangen, ohne dass einzelne Wolken in ihrer Formbildung betont sind. Gleichwohl ist links ein lichterer Himmelsteil zu beobachten, der an den Mittag erinnert, während das etwas dunklere rechte Segment auf den Abend Bezug nimmt: Ein Bild des Übergangs.

Der Abend

Dargestellt ist eine Abendlandschaft mit einem Kiefernwald (Kat. 6). In dessen Mitte steht, wenn auch sehr klein und unscheinbar, ein Freundschaftspaar in altdeutscher Tracht. Das bürgerliche Männerpaar betrachtet den Sonnenuntergang, der zwischen den kahlen Stämmen der Kiefern leuchtet. Die beiden »Wanderer« stehen auf einem von Moosen und Flechten bewachsenen Waldboden, ein Weg ist kaum angedeutet. Das Rückenpaar will auch gar nicht weitergehen, denn es ist im Schauen versunken. Auf gleicher Höhe wie das Menschenpaar wachsen junge Kiefern empor. Sie zeigen die Erneuerungskraft des Waldes, den Kreislauf des Werdens und Vergehens des Organismus der Natur an. Die die gesamte Breite des Bildes einnehmende Kiefernkette ergibt mit ihrer Begrenzung der Baumkronen eine ansteigende »Bewegung« nach rechts zum Bildrand, die in ihrer Gesamtform sich deutlich von dem helleren bewölkten Himmel absetzt. Gegenüber der eigentlich räumlichen Anordnung der Bäume dominiert in der Wirkung eine flächige Aufwärtstendenz des Baumverbundes. Davon setzt sich eine das Bildformat übergreifende Baumgruppe am linken Bildrand ab. Das Schlussbild des Zyklus atmet das baldige Verlöschen des Lichts.

Friedrich fordert von einem Bild, dass es »wirklich Charakter habe« und dass man durch das Bild »in eine Stimmung versetzt wird«.[9] Bei einem Zyklus wie diesem kommt es daher als erstem Eindruck auf deren unterschiedliche Charakterisierungen an: »Der Morgen« ist ein Beginnen. Er atmet die frische Kühle eines neuen Tages. Der Nebel wird sich lichten, ein leichter Wind hat ihn erfasst und treibt die Nebelfetzen nach rechts. Noch umgeben die Nebelschwaden die Landschaft wie ein Geheimnis: Was wird der beginnende Tag bringen? »Der Mittag« strahlt Ruhe aus, gesättigt von der Hitze des Tages und der Bewegungslosigkeit der Baumgruppen. Der Schäfer und selbst die Frau werden nicht als sich bewegend wahrgenommen. Hinzu tritt die Stille, ein Innehalten. Am »Nachmittag« nimmt das Licht schon wieder ab, es herrscht Dämmerung. Ein Gefühl des Wechsels, der Veränderung stellt sich ein. »Der Abend« ist schließlich von einer Stimmung der Sehnsucht erfüllt, ausgerichtet auf das leuchtende, aber abnehmende Licht hinter den Stämmen des Waldes, offen und doch unerreichbar.

Zum Verhältnis von Pendant und Zyklus

Der Zyklus besteht aus vier kleinformatigen Arbeiten in der durchschnittlichen Größe von 22 × 31 cm, ausgeführt in Öl auf Leinwand.

In jedem der vier Bilder wird eine spezifische Szene in der Landschaft mit einer besonderen Handlung beziehungsweise Haltung des oder der Menschen verbunden. »Der Morgen« und »Der Abend« verklammern den Zyklus als Anfang und Ende: Der fallende Gebirgszug und die aufsteigenden Baumkronen ergänzen sich in ihrem Gegensatz wie das zunehmende Licht des Himmels zu dem verlöschenden. Der Zyklus ist zugleicht in der Abfolge und als Ganzes zu sehen, in dem sich unterschiedliche Handlungsstränge verschränken. Jede der vier Tageszeiten und Landschaften ist in ihrer Besonderheit dargestellt und gleichzeitig wird ihr Zusammenhang betont. Die Lichtführung schafft dabei eine übergeordnete Gesamtempfindung.

Der Tageszeitenzyklus wird in Publikationen überwiegend – und wohl aus ökonomischen Gründen – auf zwei gegenüberliegenden Buchseiten abgedruckt, links untereinander Morgen und Mittag, rechts untereinander Nachmittag und Abend. Allein dadurch geht die überlegte Verschränkung der Bilder bei aller Selbständigkeit verloren. Dieselbe wird tatsächlich erst sichtbar, wenn die vier Bilder nebeneinander in einer Reihe gruppiert sind.[10] Der abfallende Gebirgszug im »Morgen« wird im zweiten Bild durch einen länglichen, dreieckigen Gebirgszug fortgesetzt, während die sonstigen Landschaftsformen am jeweiligen Bildrand enden und nicht »überspringen«. Die beiden ersten Bilder hängen auch farbig in den Grünockerbrauntönen der Uferbefestigung und ähnlich farbigen Bereichen der Weide zusammen. »Nachmittag« und »Abend« wiederum schließen sich in der Höhe der beidseitigen Begrenzung des Mittelgrunds zusammen, während der Dunkelraum des Abendbildes bereits in der rechten Hälfte des Nachmittagsbildes beginnt. Der abgeerntete Teil des Ackers verbindet sich inhaltlich zusätzlich mit dem Abend, wogegen die Partie mit dem reifen Getreide in Beziehung zur Weide des »Mittag« steht. Zeigen die ersten drei Bilder Tätigkeiten der Menschen in der Landschaft, steht dem eine Haltung des Schauens im »Abend« gegenüber – allerdings klingt diese bereits in der Schäferfigur an.

Im Folgenden soll die Eigenständigkeit und das Besondere des Tageszeitenzyklus in Hannover herausgearbeitet werden. Die Einbettung in den kulturpolitischen Zusammenhang am Beginn der zwanziger Jahre des 19. Jahrhunderts ist dabei zu bedenken. Spielt der Erstbesitzer und Auftraggeber Wilhelm Körte für den Charakter des Zyklus eine Rolle? Ferdinand Niemann geht in seinem 1824 publizierten Stadtführer Halberstadts, in dem auch der Tageszeitenzyklus erwähnt wird, von diesem als »höchst einfach, aber sinnvoll und bedeutend für den, der die Hieroglyphen des genialen Künstlers zu entziffern versteht«, aus.[11] Diese Kennzeichnung wurde als Motto der Interpretation gewählt, der Entzifferung wird nun nachgegangen.

Zur Bildkonstruktion

Die wahrnehmungspsychologischen Beschreibungen, die am Anfang der Ausführung standen und das jeweilige Bild in der Gesamterscheinung charakterisierten, sollen möglichst im Hintergrund der Einzel-

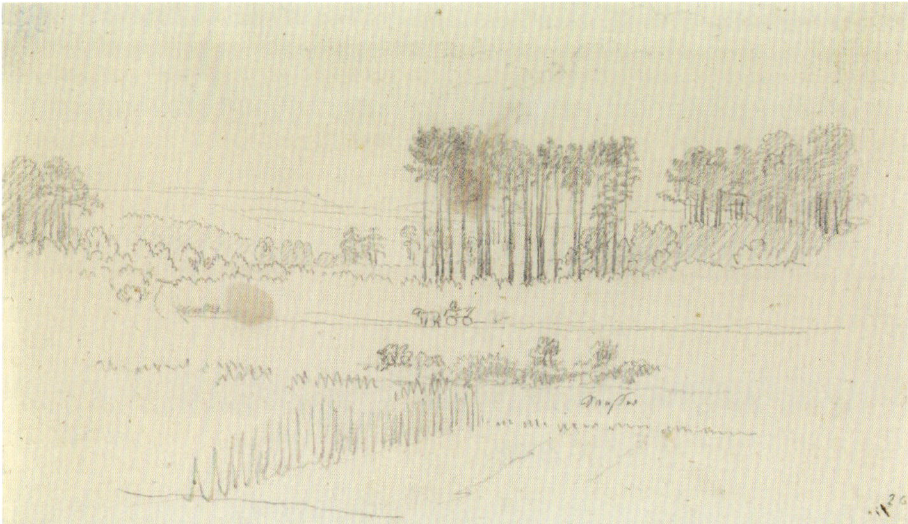

analysen mitschwingen. Gernot Böhme hat sie mit dem Begriff des »Atmosphärischen« zu umschreiben versucht: »Das Zusammenspiel [...] von Formen und Farben ergibt [...] charakteristische Atmosphären, in denen je einzelne Naturdinge in ihrer Anwesenheit durchaus spezifisch spürbar werden.«[12] Diese Charakteristik macht die Wirkmächtigkeit des jeweiligen Bildes aus. Friedrich geht es in seinen Werken mittels der Darstellungen der Gegenstände um die subjektive Empfindung in der Wahrnehmung des einzelnen Menschen. Entsprechend schreibt er: »Nicht die treue Darstellung von Luft, Wasser, Felsen und Bäumen ist die Aufgabe des Bildners, sondern seine Seele, seine Empfindungen soll sich darin widerspiegeln. Den Geist der Natur erkennen und mit ganzen Herzen und Gemüt durchdringen und aufnehmen und wiedergeben, ist die Aufgabe eines Kunstwerkes.«[13] Ähnlich sah es Alexander von Humboldt, als er nach seiner großen Forschungsreise in Südamerika 1810 an Goethe schrieb: »Die Natur muss gefühlt werden«.[14] Für Friedrich wird die Natur als Landschaft zur Bühne seiner Empfindungen. Die bildnerische Wirkmächtigkeit dieser

Abb. 2
Caspar David Friedrich
Landschaft mit hohen Kiefern und Pferdewagen
1798, Foto: Dag A. Ivarsøy © Nasjonalmuseet for kunst, arkitektur og design/The National Museum of Art, Architecture and Design, Oslo

Empfindungen hängt wesentlich von der künstlerischen Gesamterscheinung ab. Hierfür ist der künstlerisch-konstruktive Aufbau wichtig. Friedrich zeichnet mit Bleistift und Feder auf die hellgrundierte Leinwand die Gesamtstruktur des Bildes, um dann Schritt für Schritt das farbige Gesamtbild zu erreichen. Untere Schichten blieben mancherorts sichtbar, spürbar und tragen zur suggestiven Strahlkraft der Bilder bei.[15]

Für den »Nachmittag« des Hannoveraner Zyklus hat sich eine Vorzeichnung in Oslo erhalten, die ziemlich genau mit dem späteren Bild übereinstimmt (Abb. 2).[16] Das gab zu der Vermutung Anlass, dass es zu den anderen drei Bildern auch solche Vorzeichnungen gäbe. Börsch-Supan/Jähnig sehen generell eine solche Tendenz in Friedrichs Kunst am Anfang der 1820er Jahre.[17] Bisher hat sich diese Hypothese am überlieferten Zeichnungskonvolut allerdings nicht bestätigen lassen. Vor allem »Der Morgen« mit der Verbindung von Gebirgsformation, Wald und See scheint aus einer Zusammenstellung unterschiedlicher Motive geformt zu sein. Der abfallende Gebirgszug im Hintergrund erinnert an Zeichnungen der Harz- oder Riesengebirgslandschaften, die Friedrich in den Jahren 1810 und 1811 unternahm, ohne dass sich aus dem Zeichnungsfundus überzeugende Übereinstimmungen ergaben. Relativ nahe in den Umrissen kommt eine Zeichnung von der Brockenhöhe.[18] Diese ist aber aus gleicher Höhe gezeichnet, während der Gebirgszug auf dem Gemälde von unten und stärker abfallend zu sehen ist. Bei dem Tannen-/ Fichtenwald lassen sich Ähnlichkeiten aus dem Zeichnungsfundus aufzeigen, ohne dass auch hier eine direkte Übereinstimmung vorläge. Schließlich ist das Motiv des Binnensees in die Gebirgslandschaft integriert: Es erinnert aber eher, wie schon Börsch-Supan meinte, an einen Küstenstreifen von der Ostsee (Abb. 3) als an einen Binnensee, so die runden abgeschliffenen Steine und die Stangen zum Aufhängen von Netzen.[19] Im »Mittag« werden die Betrachterin und der Betrachter durch einen breiten Feldweg ins Bild geführt, der aber bald nach links umgelenkt wird. Das ist ein Motiv, das bei Friedrich wiederholt auftaucht, so in einer Böhmischen Landschaft (Zeichnung) von 1810.[20] Darüber hinaus hat Friedrich das zentrale Motiv der Kieferngruppe, zum Teil bis in Einzelheiten der Äste, aus der Osloer Zeichnung übernommen beziehungsweise entwickelt. Insofern trifft Börsch-Supans/ Jähnigs Vermutung, dass «dem vedutenartigen Bild [...] im Ganzen eine Naturstudie zugrunde [liege]«, weiterhin nicht zu.[21]

Die Osloer Zeichnung des »Nachmittag« passt Friedrich den Erfordernissen der Bildsituation und dem Ort im Zyklus an. Genau die Bildmitte wird durch das Pferdefuhrwerk und den letzten Baumstamm der hochgewachsenen Kieferngruppe markiert, während die horizontale Teilung zwischen vom Menschen genutzter und unberührter Natur durch den Goldenen Schnitt gekennzeichnet wird. Ferner ist der Hinweis auf »Wasser« – so Friedrichs Notiz in der Osloer Zeichnung – getilgt und durch eine Böschung ersetzt. Mit dem diffusen Licht und den Kiefernakzenten im »Nachmittag«

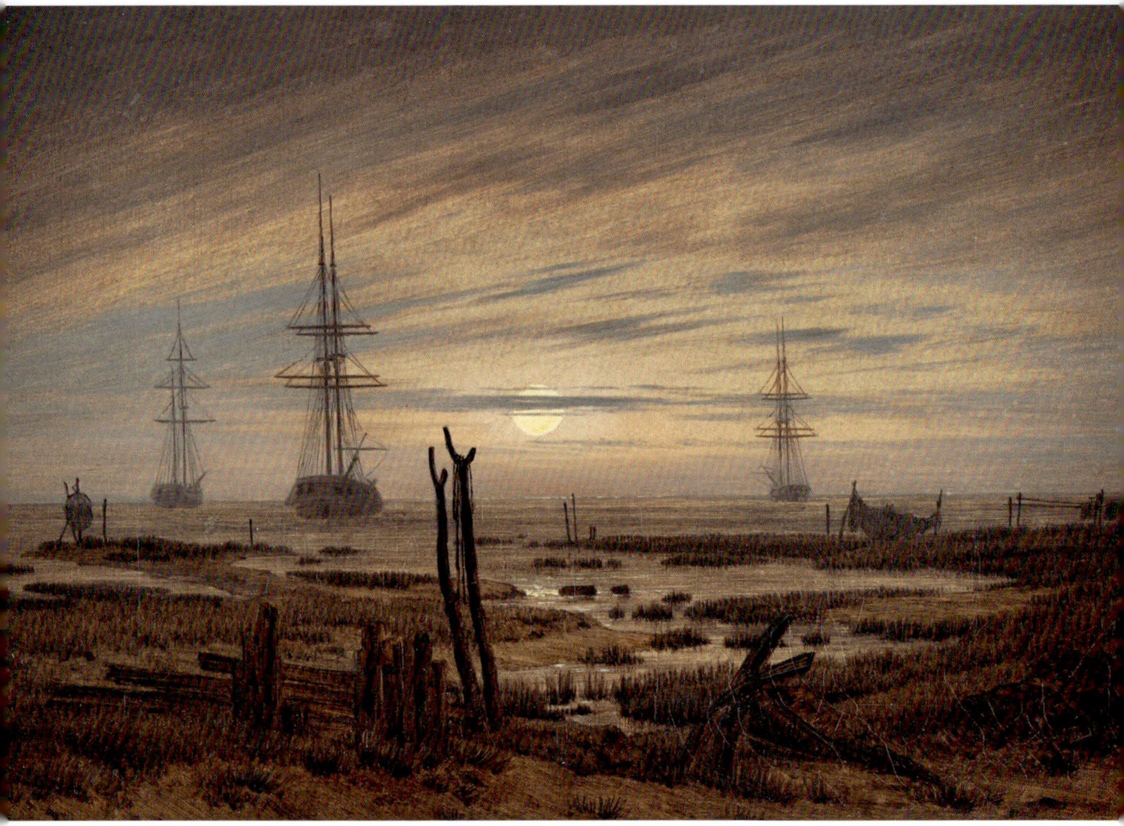

werden Verbindungen sowohl zum »Mittag« wie zum »Abend« geschaffen. Im »Abend« bestimmen allerdings die Kiefern, nun allerdings als Wald über die ganze Bildbreite sich erstreckend. Auf die Aufwärtsbewegung in den Baumkronen vom linken Rand des Bildes nach rechts wurde schon hingewiesen. Allerdings dominiert durch die stangenartige Platzierung in ein Nebeneinander der Baumstämme die quergelagerte, bildbestimmende Zone des Waldes. Eine Variation stellt die Reihung

Abb. 3
Caspar David Friedrich
Schiffe auf der Reede
um 1818, © Lübecker Museen, Museum Behnhaus Drägerhaus

der jungen nachwachsenden Kiefern vor der Zone des Hauptwaldes dar. Diese Staffelung entspricht einer bewussten künstlerischen Anordnung, eine Reihung der Bäume, die in einem ohne menschlichen Einfluss gewachsenen Wald so nicht existieren würde.[22] Die differenzierte Darstellung der Kieferngruppe am rechten Bildrand wiederum lässt vermuten, genau wie die am linken Rand mit den kahlen unteren Zweigen, dass Friedrich eine bisher unbekannte zeichnerische Vorlage aus seinem Fundus zur Verfügung stand, ähnlich wie dies bei Eichen und Fichten-/ Tannenmotiven sich beobachten lässt.

So verdankt sich auch die endgültige Komposition des »Abend« einer eigenen Bildidee, die wesentlich in der Gegenüberstellung mit dem »Morgen« gefunden wurde und motivisch gleichzeitig eine Verbindung zu den beiden mittleren Bildern ermöglichte.[23] Es handelt sich um wechselseitige Bezüge und übergeordnete Zusammenhänge. Zwar fällt dem »Morgen« und dem »Abend« als Pendants innerhalb des Zyklus eine herausragende Stellung zu, gleichzeitig ist die Integration aller Bilder aber nur in einem unmittelbaren zeitlichen Arbeitszusammenhang denkbar. Insofern ist die Charakterisierung der Außenbilder als Pendants zutreffend, nicht aber die abweichende Datierung der beiden Mittelbilder. Der Hannoveraner Tageszeitenzyklus bildet eine geschlossene Einheit und wurde aus einem Guss produziert.[24]

Der Tageszeitenzyklus im Werkzusammenhang – Bildresonanzen

Bildvergleiche zeigen, wie stark der Zyklus in das Werk Friedrichs eingebunden ist und in früheren Möglichkeiten vorweggenommen oder vor allem in späteren Varianten einzelner Bilder weiterlebt, wieder aufgegriffen und variiert wird. Während das »Morgen«-Bild des Tageszeitenzyklus den morgendlichen Beginn in der Natur kennzeichnet, gehört der »Morgen (Ausfahrende Boote)« des Landesmuseum Hannover um 1818 (Kat. 2) zu einem anderen Tageszeitenzyklus mit Schiffs- und Meeresmotiven. Dem am Ort stationären Fischer in seinem Ruderboot steht dort der morgendliche Aufbruch eines altdeutsch gekleideten Paares in einem Segelboot auf einer Fahrt in die Weite des Meers gegenüber.[25] Dagegen verbindet das Motiv des aufsteigenden Nebels in Friedrichs Bild »Morgennebel auf der Elbe« (Abb. 4) dieses mit dem »Morgen« des Zyklus und zeigt gleichzeitig, dass Friedrich mit der Gebirgslandschaft ein eigenes Gesamtmotiv für das Ensemble wählte.[26] Der vorbeiziehende Fluss ist in unserem Bild zu einen Binnensee geworden.

Das Motiv des Schäfers mit seiner Herde war, obwohl durch das Bildformat sehr klein, Friedrich offenbar wichtig, denn es erscheint in dem zwei Jahre später entstandenen Pendants »Morgen« und »Abend« für Konsul Wagener erneut und steht dort im Morgenbild unter der zentralen Eiche auch auf einer Wiese (Abb. 5).[27] Außerdem ruft dieses Motiv das »Bild mit dem Regenbogen« von 1810 in Erinnerung. Die mehrmals im Bild auftauchende Schäfergestalt wird dort als eine

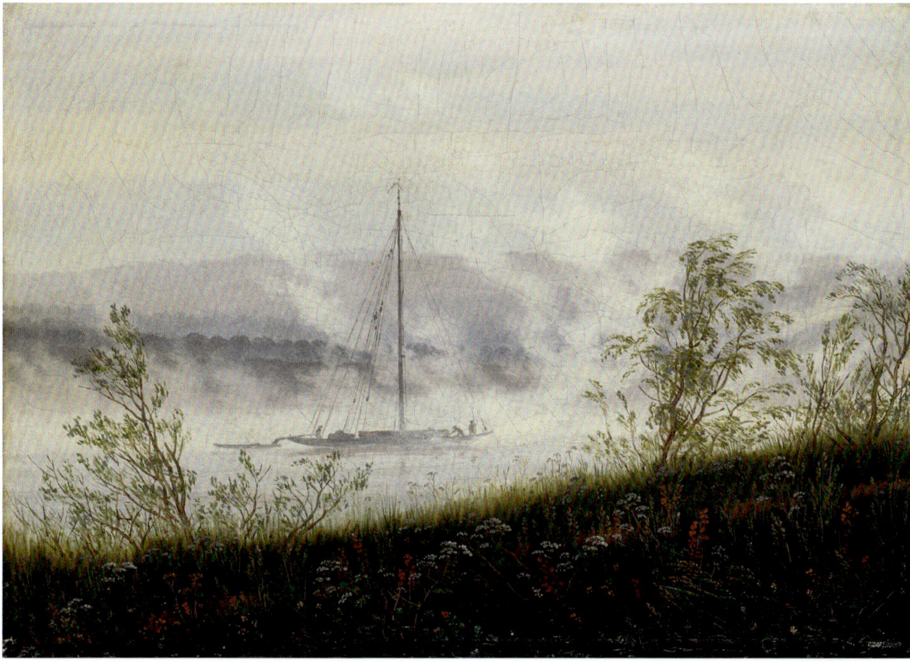

Auseinandersetzung mit Goethes Gedicht »Schäfers Klagelied« gedeutet. Ähnlich wie im »Regenbogenbild« schaut auch im Bild des »Mittag« die Gestalt des Schäfers, auf einer Weide stehend, sinnend in die Ferne und über seine Herde, soweit man es von dieser kleinen Gestalt sagen kann. Schließlich wird das Motiv des Kiefernwalds, wie er im »Nachmittag« und »Abend« zu sehen ist, wieder aufgegriffen in dem Bild »Abend am Fluss«: Dort ist der Wald mit einem Fluss und einem Haus ähnlich wie im Tageszeitenzyklus für den »Morgen« verschränkt.[28] Das Motiv des Kiefernwaldes aus dem »Nachmittag« ist erneut für den Mittelgrund des Bildes »Kahn am Ufer« wiederverwendet worden. Dieses Bild ist verschollen und nur in einer Reproduktion erhalten.[29] Und schließlich ist die Waldszene des »Abend« wieder aufgegriffen worden in dem späten »Kiefernwald mit Teich« von um 1835/36

Abb. 4
Caspar David Friedrich
Flußufer im Nebel / Elbschiff im Frühnebel
nach 1815, © bpk / Rheinisches Bildarchiv Köln

(Abb. 6).[30] Diese mehrmalige Wiederholung spricht für die Vermutung einer ehemals vorhandenen, aktuell allerdings noch unbekannten zeichnerischen Vorlage.

Die Natur als das Ganze: Raum und Zeit

Friedrich benutzte die Möglichkeit des Tageszeitenzyklus als einer Folge von vier unterschiedlichen Landschaften, um eine Totalität der Möglichkeiten von Natur- und Kulturlandschaften darzustellen: Einer Gebirgslandschaft folgt eine Weidelandschaft, danach eine landwirtschaftlich genutzte Agrar- und schließlich eine Waldlandschaft, mit der er auch wieder an den Anfang anknüpft. Dabei ist die Gebirgslandschaft des »Morgen« um einen Binnensee im Vordergrund erweitert; dieser tritt hinzu, um das Element des Wassers als wesentlichen Teil von Landschaft und Natur aufzunehmen. Daher kann er auch im »Nachmittag« auf dieses verzichten, ein Aspekt, der in der Zeichnung, wie erwähnt, noch notiert war. Hinzu tritt die Atmosphäre der bewölkten Himmel, mit den Wolken als potentielle Regenwolken; ohne Feuchtigkeit/Nebel und Wasser ist kein Leben – pflanzliches, tierisches, menschliches – möglich, und das zeigt Friedrich. Der Künstler ermög-

Abb. 5
Caspar David Friedrich
»Morgen mit Dorflandschaft«
Detail, 1822, © bpk / Nationalgalerie, SMB / Jörg P. Anders

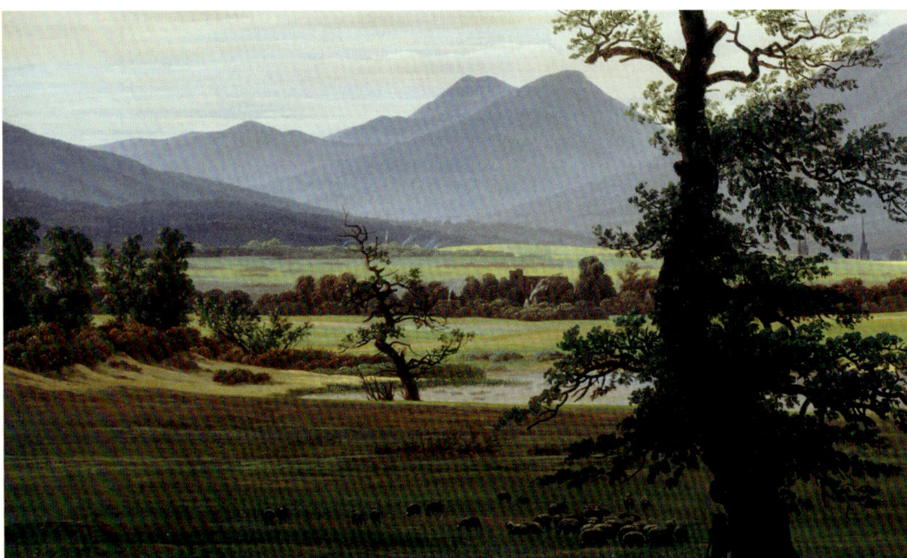

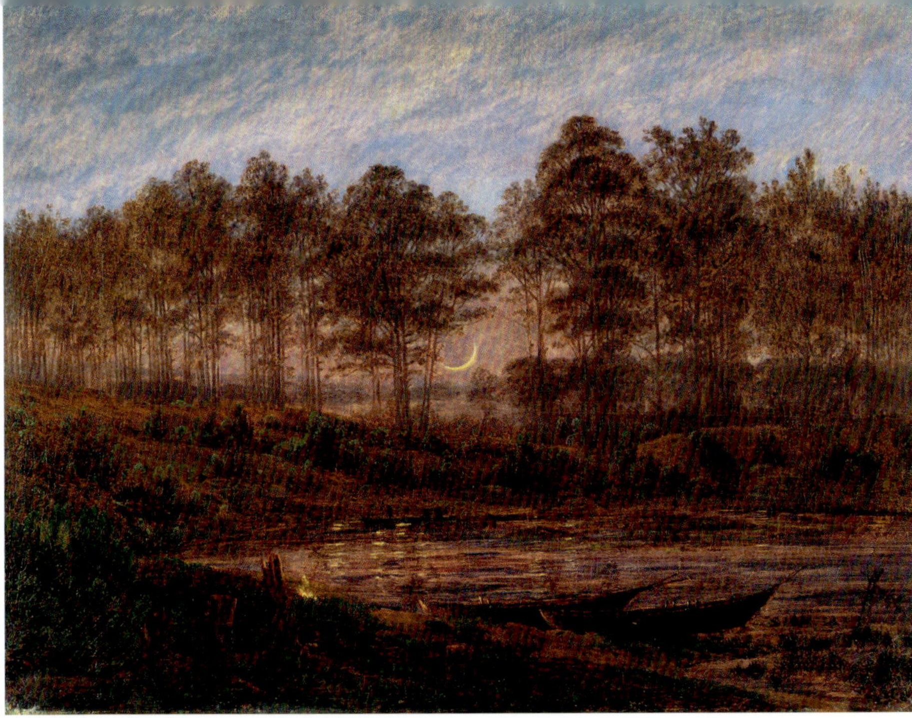

licht für sich in der Abfolge der Bilder die Darstellung unterschiedlicher Landschaftscharaktere. So kritisiert er in seinen um 1830 notierten »Aufzeichnungen« eine damalige künstlerische Praxis: »[…] was die neueren Landschaftsmaler in der Natur in einem Kreis von 180 Graden gesehen, pressen sie unbarmherzig in den Sehwinkel von 45° Grad zusammen. Und was also in der Natur durch große Zwischenräume getrennt lag, berührt sich hier im gedrängten Raume, überfüllt und übersättigt das Auge und macht auf den Betrachter einen widrigen beängstigenden Eindruck.«[31] Auch wenn diese Kritik erst rund zehn Jahre später aufgeschrieben wurde, stellt sie darin doch eine gleichbleibende Grundauffassung Friedrichs dar.

Sind die Landschaftscharaktere auch selbständig, so hängen sie, wie in der formalen Struktur der Bilder bereits beschrieben, auch wieder zusammen. Friedrich gewinnt, nimmt man ihre Gesamtfolge in den Blick, das Bild einer vielseitigen Natur, wobei ihre Zwischenräume beachtet bleiben.

Den räumlichen Wechseln entsprechen auch zeitliche in der Folge der Tageszeiten. Das Erleben von Zeit variiert: Aufbruch, verhaltene Bewegung – Stillstand – Veränderung – Ende der Zeit, Neuanfang.

Abb. 6
Caspar David Friedrich
Kiefernwald mit Teich
um 1836, © bpk / Museum Georg Schäfer Schweinfurt

Zeitlichkeit ist in Übergängen des Tageslichts, nicht in abrupten Wechseln, erfasst. Dem Ablauf vom Morgen zum Abend stehen auch retardierende Momente entgegen, wobei dem Bild »Nachmittag« eine hervorgehobene Rolle zukommt, denn der linke Teil der Wolken strebt gewissermaßen in Richtung des »Mittag« zurück.[32] Das Besondere dieses Tageszeitenzyklus ist, dass in ihm mit den Momenten sich verändernder Zeit auch ein solcher scheinbarer Dauer und Zeitlosigkeit, wie im »Mittag«, einbezogen ist. Die Dominanz des Waldes durch die Darstellung von Bäumen in allen vier Bildern belegt die Wichtigkeit, die Friedrich diesem insgesamt beimisst. »Morgen« und »Abend« bilden mit dem Fichtentannenwald und dem Kiefernwald wieder eine Klammer, wobei erst im »Abend« der Wald zum umfassenden Anschauungsraum wird. In der Kombination von jungen und ausgewachsenen Bäumen wird die sich erneuernde und überzeitliche Kraft der Natur gezeigt, zumal nur ganz geringe Hinweise auf Vergänglichkeit, etwa die kahlen, unteren Zweige der Kieferngruppe links im »Abend«, zu sehen sind und Laub verlierende Bäume wie Eichen ganz fehlen. Bäume erscheinen als Symbol des lebendigen Organismus in der Natur. Dieser Kraft, die Friedrich in ihr sieht, kann er noch durch das Anfangsmotiv des Zyklus, den Nebel, einen zusätzlichen poetischen Akzent geben: »Wenn eine Gegend sich in Nebel hüllt, erscheint sie größer, erhabener und erhöht die Einbildungskraft und spannt die Erwartung« – hier ist es die Erwartung und Neugierde auf den Tageszeitenzyklus als Ganzen.[33]

Das Ideal der Freundschaft – Der Kontakt zwischen Friedrich und Körte, Maler und Auftraggeber

Zur weiteren Interpretation des Tageszeitenzyklus ist eine nähere Beschäftigung mit Dr. Wilhelm Körte (1776–1846), dem Auftraggeber und Erstbesitzer des Zyklus, wichtig. Körte war der Großneffe des Dichters Johann Wilhelm Ludwig Gleim (1719–1803) aus Halberstadt, der mit seinem »Freundschaftstempel« »die größte Porträtsammlung von Dichtern und bedeutenden Zeitgenossen des 18. Jahrhunderts« schuf, die ein »einzigartiges Dokument der literarischen Freundschaft- und Geselligkeitskultur« der ganzen Epoche ist.[34] Gleim hatte Körte zu seinem Erben und »Nachlassverwalter« bestimmt. Neben dem Erhalt der umfangreichen Brief- und Porträtsammlung war es auch Gleims Wunsch gewesen, »eine ›Schule der Humanität‹ zu gründen […], doch scheiterte dies Unternehmen auch an bürokratischen Hemmnissen«. Nach dem Ende seines Jurastudiums in Halle lebte Körte seit 1799 in Halberstadt. Als Herausgeber veröffentlichte er neben dem Gesamtwerk von Gleim zahlreiche Schriften aus dessen Umkreis.[35]

Aus der Porträtsammlung von Gleim stammt das Bildnis von Körte (Abb. 1), das von Georg Friedrich Adolph Schöner (1774–1841) im Jahr 1800, etwa 20 Jahre vor der Beauftragung des Tageszeitenzyklus gemalt wurde.[36] Auf dem Porträt schaut uns der vierundzwanzigjährige Körte mit freundlichem Gesichtsausdruck in kommunikativer Haltung an – fast gleichaltrig ist Friedrich (1774–1840), als Johann Ludwig

Gebhard Lund (1777–1867) ihn von der Seite auf einen Stuhl sitzend mit einem Buch unter dem linken Arm malt (Kat. 1). Friedrich schaut nachdenklich in sich hinein, im Dreiviertelprofil den eigenen Gedankenraum bewahrend. Das Bild entstand ebenfalls 1800 und da war Friedrich sechsundzwanzig Jahre alt. Während des Kontaktes beider anlässlich des Tageszeitenzyklus waren sie zwanzig Jahre älter, beide in der Mitte ihres literarischen und künstlerischen Schaffens. Der Kontakt zwischen Friedrich und Körte wird, so vermutet bereits Zschoche, über die mit beiden befreundete Porträtmalerin Caroline Bardua (1781–1864) erfolgt sein.[37] Es handelte sich um wechselseitige Begegnungen zwischen Körte, Bardua und Friedrich zwischen Halberstadt, Dresden und der Heimatstadt der Freundin in Ballenstedt. In das Wechselverhältnis war auch der in Dresden lebende Historienmaler Gerhard von Kügelgen (1772–1820) eingeschlossen, dessen Schülerin Caroline Bardua war.[38] Zeugnis der gegenseitigen Kontakte gibt die Bildersammlung Körtes, in der alle drei vertreten waren. Hierzu heißt es in dem Stadtführer von Halberstadt aus dem Jahr 1824, der bereits eingangs erwähnt wurde, unter dem Hinweis auf Körte: »Auch besitzt derselbe einige Bilder von Friedrich (die Tageszeiten, höchst einfach, aber sinnvoll und bedeutend für den, der die Hieroglyphen des genialen Künstlers zu entziffern versteht), Kügelgen (eine Sibylle) und der Malerin Bardua (eine jugendliche Madonna mit dem Kinde).«[39] Es gibt noch weitere Kontakte Friedrichs nach Halberstadt, so zu dem im Brief erwähnten Schriftsteller Dr. Friedrich Matthias Gottfried Cramer, der auch Bilder Friedrichs in seiner Kunstsammlung besaß.[40]

Der Kontakt Körtes zu Friedrich führte zum Erwerb des Tageszeitenzyklus. Der bereits wegen dessen Datierung zitierte Brief Friedrichs an diesen vom 21. Juli 1821 ist auch für den inhaltlichen Zusammenhang aufschlussreich. Eingangs ist Friedrich angetan von Körtes positiver Resonanz auf den empfangenen Zyklus: »Ich bin erfreut, daß sie willens sind mehrere Kinder meiner Laune von mir zu haben, doppelt erfreulich wird es mir dadurch, denn ich bin nun gewiß, daß Ihnen die ersten Bilder nicht mißfallen.« Daraus ist zu entnehmen, dass es sich bei dem Tageszeitenzyklus um einen vorausgehenden Bildauftrag handelte und dass in Bezug auf das Resultat – eben der Hannoversche Zyklus – Friedrich erfreut ist, dessen Vorstellungen getroffen zu haben. Sein Brief stellt auch die Antwort auf einen vorausgehenden Körtes dar, in dem die Bezahlung geregelt wurde und Körte seine Zufriedenheit geäußert hatte (»die ersten Bilder nicht mißfallen«). Darüber hinaus hatte Körte wohl den Ankauf eines weiteren Bildes in Aussicht gestellt, musste aber nun erfahren, dass »das Bild mit dem Schwan schon seinen Besitzer hat.« Friedrich jedenfalls sah wohl die Möglichkeit weiterer Bildverkäufe, wie seine Angebote zeigen, darunter den »Marmorbruch bei Rübeland im Harzgebirge« und »zwei Bilder [...] beide Erinnerungen an Brocken von der Höhe«; das heißt, diese sind solche mit einem Harzbezug. Friedrich konnte annehmen, dass

Körte, in Halberstadt wohnend, damit im Vorland des Gebirges, zu diesen am meisten Interesse haben würde. Auch war er wohl sicher, dass dieser, durch seine Kontakte zu Caroline Bardua, Kenntnis von der Harzwanderung Friedrichs 1811 hatte.[41]

Trotzdem kam es nicht zu weiteren Erwerbungen Körtes, der primär wohl literarhistorisch engagiert war und Kunst nicht systematisch gesammelt hat. Gleichzeitig gehörten Körte und Friedrich der gleichen Generation an und trafen sich als Vertreter der geistigen Gedankenwelt des aufstrebenden Bürgertums um 1800. Offen bleibt gegenwärtig, wie konkret das beiderseitige Wissen übereinander reichte. Sicherlich stand die anakreontische Liebeslyrik des Gleimkreises, dessen Nachlassverwalter Körte war, im Widerspruch zur Todesthematik, wie sie in vielen Bildern Friedrichs dominiert. Im Zyklus ist sie offenbar nicht dominierend. So mutmaßt Börsch-Supan 1990, dass der Wald im »Abend«, »vor dem die Wanderer stehen, […] nichts Düsteres und Bedrohliches« hat, während er noch 1973 den Wald »als Todessymbol« interpretierte.[42] Diese Zurücknahme gilt auch für den »Mittag« und »Nachmittag« mit der Darstellung tätigen Naturbezugs, der in die Nähe der Idyllenthematik des Gleimkreises rückt. Auch klingt, wie bereits Annette Weisner schreibt, in dem Bild der Tageszeit des Nachmittags ein jahreszeitlicher Aspekt der Ernte an, wenn auch der abgeerntete Teil des Ackers wiederum tendenziell auf einen Aspekt des Endes hinweist, der aber seinerseits wieder ein neues Wachsen der im Boden befindlichen Saat assoziieren lässt.[43] Aufgehoben ist die Todesdrohung aber deshalb nicht, wie wir in weiteren Bedeutungsebenen des Zyklus sehen werden.

Zugleich nimmt Körte aktiv an den aktuellen gesellschaftlich-kulturellen und politischen Entwicklungen in den ersten beiden Jahrzehnten des 19. Jahrhunderts teil. Dies trifft auch auf den Protestantismus zu, hatte er doch zwei Bücher mit den Predigten von Friedrich Schleiermacher in seiner Bibliothek, die im Katalog der Nachlassauktion von 1846 verzeichnet sind. Außerdem werden in einer Kunstauktion von 1847 in Leipzig mehrere Zeichnungen verschiedener Künstler, so auch von Friedrich, aus der Sammlung Körtes aufgeführt. Der Besitz von mindestens einer Zeichnung Friedrichs verstärkt den Eindruck eines nachhaltigen persönlichen Kontakts zu ihm.[44]

»Der Abend« als Freundschaftsbild

Für eine gedankliche Nähe Körtes zu Friedrich ist der »Abend« des Tageszeitenzyklus bedeutsam. In der Mitte des Bildes stehen die im Anschauen des schwindenden, aber noch intensiven Abendlichts begriffenen zwei Rückenfiguren. Ihre gleiche Kleidung signalisiert ihre Gemeinsamkeit als Paar. Alle sozialen Unterschiede fallen weg, in Ihrer gegenseitigen Freundschaft sind sie vereint. Zu dieser Charakterisierung ist zusätzlich ihre altdeutsche Kleidung – eine Kappe und ein Barett als Kopfbedeckung und ein dreiviertellanger Umhang – wichtig. Diese Mode kommt in der Zeit der Befreiungskriege gegen Napoleon 1813 bis

1815 auf und soll ihre Träger als mit dem Freiheitsgedanken, dem Wunsch nach Verfassung, der Einschränkung der Fürstenmacht und der Pressefreiheit Sympathisierenden charakterisieren (Abb. 7). Man kann sie als Gesinnungstracht bezeichnen, die vor allem in der studentischen Jugend weit verbreitet war und deshalb, um die restaurative Entwicklung vorwegzunehmen, zum Beispiel an der Dresdener Akademie für die ihr angehörenden Studenten 1819 verboten wurde.[45]

Für das Freundschaftsbild in der Romantik ist immer noch Klaus Lankheits grundsätzliche Arbeit »Das Freundschaftsbild in der Romantik« von 1952 wichtig. Im Unterschied zu den Porträts des Freundschaftstempels in der Sammlung Gleim, bei dessen Bildern es sich um Einzelporträts handelt, sehen wir in der Romantik primär Paar- und Gruppenbilder, in denen die Freundschaft zwischen den Dargestellten erscheint. In diesen werden die Porträtierten auch in ihrer Individualität dargestellt. Lankheit schließt aber ausdrücklich als Freundschaftsbilder auch die Bilder Friedrichs mit Rückenfiguren ein. Er ist der Auffassung, dass die Betrachterfiguren auf die Landschaft vor ihnen als ihre eigene, innere Vorstellung schauen und spricht daher von einem »Einheitserlebnis«.[46] Daraus folgt bereits für Lankheit, dass im Blick der Rückenfiguren und ihrer Gemeinsamkeit als Paar oder Gruppe das vor ihnen Erscheinende, die Landschaft, ausschlaggebend ist. Während jedoch für ihn das Unendlichkeitserlebnis für diese Deutung allein wichtig ist, sollen hier auch die konkret-zeitgeschichtlichen

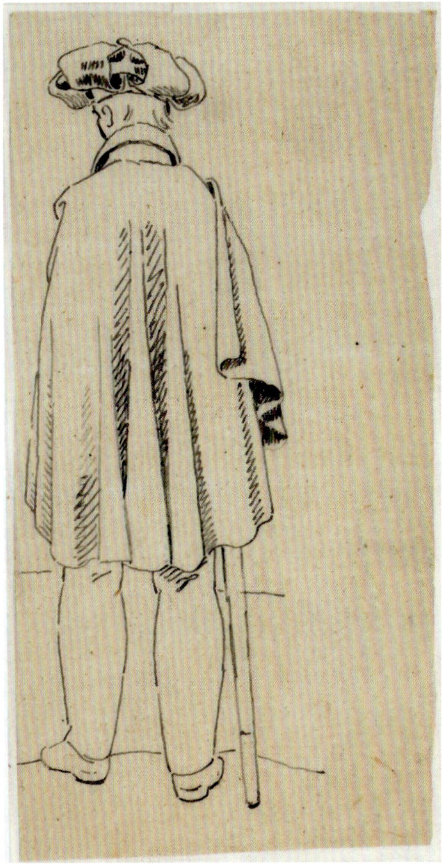

Abb. 7
Caspar David Friedrich
Männliche Rückenfigur in altdeutscher Tracht
um 1818, © bpk / Kunsthalle Mannheim / Kathrin Schwab

Rahmenbedingungen in die ideenmäßige Erfassung des Freundschaftsbildes bei Friedrich einbezogen werden.

Unter dem Eindruck einer beginnenden restaurativen Entwicklung nach den Befreiungskriegen schrieb Friedrich am 12. März 1814 an seinen Landsmann Ernst Moritz Arndt (1769–1860) einen Brief und bat ihn darin um eine Inschrift für ein von ihm zu malendes Bild zum Andenken an den preußischen, im Krieg an den Folgen seiner Verwundung gestorbenen General Gerhard von Scharnhorst (1755–1860). Im besagtem Brief heißt es einleitend: »Ich wundere mich keineswegs, daß keine Denkmäler errichtet werden, weder die, so die große Sache des Volkes bezeichnen, noch die hochherzigen Taten einzelner deutscher Männer. Solange wir Fürstenknechte bleiben, wird auch nie etwas Großes der Art geschehen.« Dieser Brief wird »im Juli 1819 in Arndts Bonner Wohnung beschlagnahmt« und ihm 1821 im Verhör wegen des Verdachts auf »Teilnahme an geheimen politischen Verbindungen und Umtrieben« vorgehalten.[47] Die Verfolgung Arndts ist Zeichen der Unterdrückung freiheitlicher Bestrebungen und kennzeichnet die Zeit als eine der Restauration feudaler Strukturen.

Das wird auch deutlich anlässlich des Besuchs von Karl Förster mit Peter Cornelius im Atelier Friedrichs am 19.4.1820. Die beiden Besucher bekommen Friedrichs »Zwei Männer in Betrachtung des Mondes« zu sehen und dieser äußerte sich dazu: »Die machen demagogische Umtriebe, sagte Friedrich ironisch, wie zur Erklärung«. In diesem Kommentar kommt vor allem das politische Klima allgemeiner Verdächtigung zum Ausdruck, ausgelöst im Vorjahr durch den radikalen Studenten Karl Sand, der den Schriftsteller August von Kotzebue als angeblichen russischen Spion am 23. März 1819 ermordet hatte. Dieses Attentat nahm man zum Anlass für die restaurativen Karlsbader Beschlüsse von 1819 mit einem allgemeinen Verbot der altdeutschen Kleidung.[48] In diesem politischen Klima ist der »Abend« aus dem Tageszeitenzyklus entstanden und, wie man sieht, hält sich Friedrich nicht an dieses Verbot. Wie waren die politischen Verhältnisse in Halberstadt?

Der Halberstädter Kreis um Wilhelm Körte

Caroline Bardua war 1814/15 erneut in Halberstadt und hat als Porträtmalerin viele Aufträge. Lebhaft schildert sie die dortige Stimmung: »[…] damals ein Sammelplatz vieler ausgezeichneter Persönlichkeiten […]. Die Liebhaberei für das Altdeutsche stand damals in höchster Blüte und kam den Malern zustatten«.[49] Halberstadt war nach Auflösung des von Napoleon geschaffenen Königreich Westfahlen, mit Napoleons Bruder Jérôme als König, wieder preußisch geworden. Auch Wilhelm Körte teilte die patriotische Stimmung in der Stadt, die sich von den Befreiungskriegen auch neue politische Verhältnisse im Sinne einer Verfassung und vor allem Pressefreiheit erhoffte. In dem von ihm begründeten Verlag »Bureau für Literatur und

Kunst« veröffentlichte er 1813 den Bericht des preußischen Offiziers Friedrich Hellwig, Führer eines Freikorps, über die Einnahme Halberstadts unter dem Titel: »Teutschland lebe hoch!«[50] Noch bemerkenswerter ist Körtes eigener Aufruf zur Verteidigung der Pressefreiheit, die ihm als Schriftsteller und Literaturhistoriker besonders wichtig war: »Über Preßfreiheit. Ein Turn-Schreiben an alle Verfechter des Preßzwangs«. Dort schrieb er unter anderem: »Die Freiheit und Macht der öffentlichen Meinung hat uns die Freiheit wieder erkämpft [...]. Das Herzerobernde Wort, und die dadurch erstarkte Volks-Gesinnung haben die heillosen Fassaden aufgelöst in ihren innersten Bestandtheilen [...]. Die Buchdruckerpresse aber war und ist das wichtigste Organ jener Volks-Gesinnung [...]«.[51] Eine bemerkenswerte Haltung für 1815 als sich, wie wir bei Bardua lesen können, der politische Wind bereits gedreht hatte. Das Altdeutsche war zu der Zeit bereits in Verruf gekommen, »besonders da man anfing, gefährlichen Freiheitsspuk und demokratische Umtriebe dahinter zu wittern.«[52] Auch Körte registriert diese Entwicklung und bewahrt als Historiker aufschlussreiche Dokumente auf. In seiner bereits erwähnten Bibliotheksversteigerung 1846 findet sich auch eine Publikation zu Arndts Verhör: »Arndts abgenötigtes Wort aus seiner Sache«.[53] Noch 1841 ist es Körte in einem Nachruf auf den verstorbenen Schöner, der sein Porträt gemalt hatte, wichtig, dass dieser »sich mit einem patriotischen Verein zur Einführung einer deutschen Nationaltracht« verbunden hätte.[54] Aus all dem ergibt sich, wie besorgt und intensiv die politische Entwicklung von Körte und dessen Umkreis verfolgt, kommentiert und ebenso von Friedrich gesehen wurde.

Die Tageszeiten, besonders »Der Abend« und der »Morgen (Ausfahrende Boote)«

In den Rahmen des gesellschaftlichen Aufbruchs während der Befreiungskriege und der folgenden Unterdrückung demokratischer Bestrebungen gehören der Tageszeitenzyklus und der »Morgen (Ausfahrende Boote)«, also sämtliche fünf Caspar David Friedrich-Gemälde der Niedersächsischen Landesgalerie. Rückenfiguren in altdeutscher Tracht tauchen ab 1816/17 in Bildern Friedrichs auf und werden auch in den Folgejahren beibehalten, so bei »Zwei Männer am Meer bei Mondaufgang« (Abb. 8), aber für unseren Zusammenhang viel wichtiger um 1816/1818 auch im »Morgen (Ausfahrende Boote)« (Kat. 2). In dem Boot sitzt ein Paar in altdeutscher Tracht und bricht zur großen Fahrt auf das offene Meer auf. Aus dem kreisförmig geschützten Hafenbezirk geht es in die Weite des Ozeans. Die aufgehängten Netze am rechten Rand und die Netzstöcke auf der linken Seite markieren ihrerseits den geschützten Bereich. Die Folge der in der Ferne bei morgendlichem Wind enteilenden Segelboote schafft den Eindruck eines großen Aufbruchs. Die räumliche Ferne suggeriert zugleich eine zeitliche Ferne, die auch für die Erwartungen steht, mit der die Fahrt unternommen wird. Aufgrund der altdeutschen Kleidung ist ihr Ziel zugleich ein politisches in der Hoffnung auf ein Land ohne Fürstenknechte, das heißt allgemeiner Gleichheit. Ungewöhnlich für Friedrich ist das Miteinander in einem Bild der beiden Bootsleute, wobei der stehende mit Ausrichtung des Segels beschäftigt ist, und des aus dem städtischen Bürgertum stammenden und in die Ferne blickenden Paares.

Wie Börsch-Supan zurecht vermutet, ist das »Bild […] von Aufbruchstimmung erfüllt. Die rhythmische Reihe der Boote und die kreisenden Möwen erzeugen eine Tiefenbewegung«. Der Zusammenhang in der Ausrichtung der weißen Flagge mit dem gelben Emblem und dem am Ufer zurückgelassenen christlichen Hoffnungszeichen des Ankers deutet für ihn »auf den Wagemut« hin, ist »wahrscheinlich als ein allgemeines Zeichen für Heldentum und Patriotismus« zu deuten und zielt möglicherweise »auf die politischen Hoffnungen zur Zeit der Befreiungskriege« ab. Erstaunlicherweise bezieht er die altdeutsche Kleidung, die eine Gesinnungstracht darstellt, in die patriotische Deutung nicht mit ein.[55] Der hier beobachtete Zusammenhang von christlich-religiöser Dimension mit der politischen ist auch für den Tageszeitenzyklus bedeutsam.

Verdüsterung

Zwei bis drei Jahre später sieht für den Künstler die Möglichkeit eines nachhaltigen Aufbruchs anders aus: Im »Morgen« des Tageszeitenzyklus ist der Aufbruch oder der vielversprechende Beginn einer Entwicklung primär auf die Natur beschränkt: ihre prozesshafte Veränderung innerhalb eines Tages – vom Morgen zum Abend – vollzieht sich in naturhafter Gesetzmäßigkeit. Im »Morgen« grenzt die Bergkette den Bereich des Fischers ab, die immergrünen Fichten und Tannen schaffen Vertrauen in die Natur. Der Fischer ist gewiss, dass ihn ein Rahmen umfängt, der seinen Lebensbereich beschränkt, zugleich ihn aber auch sichert. Er hat seinen Ort gefunden, aus seinem Bauernhaus steigen Rauchwolken auf. Mit seiner Tätigkeit des Fischfangens ist er allein, eine ursprünglich geplante Figur im Heck des Bootes, wie die Infrarotaufnahme zeigt, ist während des Entwurfsprozesses des Bildes von Friedrich verworfen worden (vgl. den Beitrag von Hinderer, Abb. 3a).

Ganz anders »Der Abend«, der hinsichtlich der altdeutschen Kleidung mit dem »Morgen (Ausfahrende Boote)« verglichen werden kann. Im »Abend« steht das altdeutsch gekleidete Freundespaar sehr klein, aber deswegen nicht unwichtiger, im Zentrum des Bildes. Auf dem kaum erkennbaren Weg sind sie in der Mitte des Kiefernwaldes angelangt und schauen auf die Reihe der Baumstämme sowie auf das Farbspiel der untergehenden Sonne. Hier zeigt sich ein anderer Bildaufbau: Ein räumliches Gegenüber von Nähe und Ferne. Als Betrachter und Betrachterin vor dem Bild gelangen wir im Sehen ohne Hindernisse in den Bereich des Waldes und des Freundschaftspaars – eine beschreibbare Nähe, in der auch die jungen Kiefern wie die großen Bäume in ihrer jeweiligen Gestalt sich zeigen. Dann stößt der Blick auf die nach beiden Bildrändern sich schier endlos ausbreitende Reihung der kahlen Baumstämme.

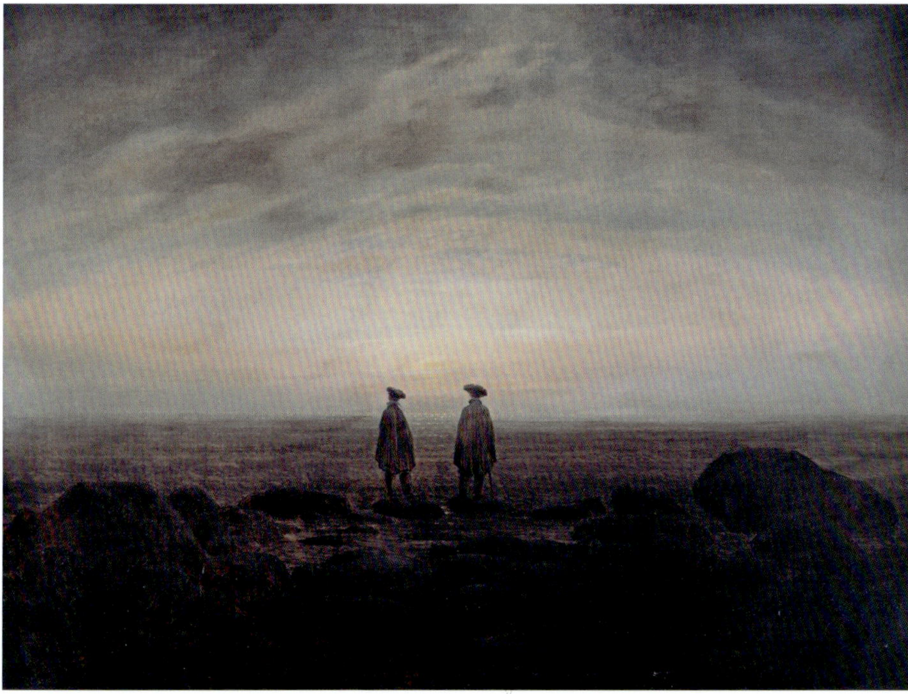

Sie wirken als Gitter und zwar als bildparallele Grenze zwischen einem davor und einem dahinter, das wie abgeriegelt erscheint. Das, was wir in der Ferne sehen, ist nur durch die Stämme sichtbar, wobei der intensive Teil des farbigen Lichts in der Mitte des Bildes in der Sehperspektive des Paars liegt, in der Helligkeit begrenzt nach unten und oben durch die dunklere Zone der Bäume des Waldes. Zu sehen ist eine schillernde Farbigkeit in Übergängen von dunkelblau, heller werdend, in einen rötlichen Klang übergehend, der sich zu einem Rot-orange-gelb verwandelt, während die ausgesparten Grüntöne den vermoosten Waldboden bestimmen.

Ähnlich wie im »Morgen« mit der Bootsausfahrt verbindet in der Erfahrung des Sehens der räumliche Blick sich auch hier mit

Abb. 8
Caspar David Friedrich
Zwei Männer am Meer beim Mondaufgang
um 1817, © bpk / Nationalgalerie, SMB / Jörg P. Anders

einer zeitlichen Dimension. Der räumlichen Nähe als Gegenwart steht in der Tiefe des Bildes eine ferne Zukunft gegenüber, aber in einem dissonanten Wechsel: Hinter dem Gitter ist sie als leuchtende Zone der Zukunft erahnbar, der aber erst die Nacht vorausgehen wird, ehe ein neuer Morgen dämmern kann. Im Tageszeitenzyklus zeigt sich ein verwandtes farbiges Licht in der Gebirgslandschaft des »Morgen«. »Der Morgen« und »Der Abend« sind als Klammer aufeinander bezogen. In Peter Märkers Deutung der »Geschichte als Natur« – so der Titel seiner Publikation von 2007 – erwächst aus der steten Veränderung in der Natur auch die Gewissheit eines Wandels in der Geschichte der Menschen, lebt die Utopie des Neuen.[56] Dem Freundschaftspaar im »Abend« gilt ihre Sehnsucht nach Veränderung und der Hoffnung auf eine neue Zeit.

Hoffnung auf ein zukünftiges Leben

Die religiöse Hoffnung auf ein neues Leben nach dem Tod kann auch Hoffnung, Zuversicht speisen auf ein neues Leben im Diesseits. Das Paar ist im Schauen, in Andacht versunken und verbunden in ihrer Freundschaft, in gleicher geistiger Ausrichtung. Im Zusammenhangs mit der Natur zeigt sich das Göttliche, aber zugleich ist für Friedrich auch eine geistig-religiöse Dimension im Jenseitigen real, der Tod des endlichen Lebens verweist auf ein neues Leben in einem danach. Das Freundschaftspaar sieht sich daher mit einer Todesdrohung angesichts des schwindenden Sonnenlichts und des Endes des Tage konfrontiert. Zugleich im Nachdenken über das endliche Leben ist auch wieder die Hoffnung auf neues Leben eingebunden: Das Gitter der Baumstämme lässt an altes Gitterwerk von Fenstern einer Kirche denken, durch deren farbiges Glas das so verwandelte Licht in den Sakralraum, in diesem Zusammenhang den Sakralbau des Waldes, dringt. In Ludwig Tiecks Romanfragment »Franz Sternbalds Wanderungen« von 1798, das im Untertitel »Eine altdeutsche Geschichte« heißt, tritt der Titelheld in den Wald mit einer Empfindung, »wie man einen heiligen Tempel betritt.«[57] Der Raum des Waldes wird nach Ute Jung-Kaiser zum »Grenzraum zwischen Diesseits und Jenseits«. Es scheint »die unnahbare Ferne … der Ort zu sein, an dem« Mythos und Märchen, aber wohl nicht nur sie, sondern auch der Wunsch nach Transzendenz «zu ihrer wahren Bestimmung erwachen.«[58]

Zum Andenken an den Maler Schöner schrieb Wilhelm Körte 1841 den bereits zitierten Nachruf, in dem er die christliche Hoffnung auf ein neues Leben jenseits des Todes in einer Weise beschreibt, die wohl im Sinne Friedrichs wäre: »An der Wiege pflegen wir das Neugeborene freudig zu begrüßen; am Grabe sind wir aber, in tiefer Trübsal, nicht immer dessen eingedenk, daß auch hier nur ein neues Leben vorbereitet wird. An der Wiege wie am Grabe stehet Ein und derselbe Engel des Lichts, der Liebe und des Lebens; dort führt er ein neu begonnenes Daseyn ein; hier bereitet er ein neu beginnendes vor und erlöset also vom Tode, zum ewigen Leben in Ihm, der da war, und ist, und sein wird.«[59] In diesem Sinne kann Friedrich sich wünschen: »Ich meines Teils fordere von einem Kunstwerke Erhebung des Geistes und, wenn auch nicht allein und ausschließlich, religiösen Aufschwung.«[60]

Der Tageszeitenzyklus als Parabel

Ein Hauptelement des Tageszeitenzyklus, das schon eingangs herausgestellt wurde, ist der Zusammenhang des »Morgen« und des »Abend« als Pendants. Friedrich hat den abfallenden Gebirgszug im »Morgen« und die aufsteigenden Baumwipfel im »Abend« kompositorisch explizit aufeinander bezogen. Zusammen bilden die beiden Bögen als geometrische Figur eine Parabel. Der Begriff »Parabel« stammt aus dem Griechischen und bedeutet so viel wie «Nebeneinanderstellung, Verleihung, Gleichnis, Gleichheit«.[61] Vor allem die Untersuchungen und Bildanalysen von Werner Busch haben deutlich gemacht, dass Friedrich häufig geometrische Formen wie auch die Ellipse oder die Hyperbel als abstraktes Ordnungsprinzip für den Aufbau seiner Bilder verwendet; zusätzliche Aspekte sind Symmetrie und der Goldene Schnitt als harmonisches Teilungssystem von Linien und Flächen im Bild.[62] Friedrichs anschaulich-künstlerische Arbeit besteht nun darin, das Offensichtliche dieser abstrakten Formen möglichst zu verbergen, aber immer spürbar zu lassen. Generell sah die Naturphilosophie und Frühromantik in Mathematik, Zahlensystemen und geometrischen Ordnungsmustern den Nachweis der geistigen Grundstruktur der Natur und Landschaft.[63]

Die Parabelform der Außenbilder ist gleichsam durch die beiden Mittelbilder »Mittag« und »Nachmittag« auseinandergezogen, aber dennoch wirkmächtig. In der Wahrnehmung der Parabel als geometrische Form erschöpft sich ihr Aspekt aber nicht, denkt man daran, dass die Parabel eine bedeutende literarische Erzählform ist, in der und mit der moralisch-ethische Fragestellungen verhandelt werden können. Sehr bekannt ist beispielsweise Lessings »Ringparabel« aus dem dritten Akt seines Dramas »Nathan der Weise« geworden, wobei der Ring für den Vergleich der Religionen steht.[64] Die Parabel als Gleichnis und als Vergleich zwischen einer primären Bildebene und einer allgemeineren Bedeutungsebene lässt sich auch auf die Bildende Kunst und hier auf Caspar David Friedrich beziehen, ja ist für seine Kunst höchst bedeutsam. Wichtig für eine künstlerische Parabel ist, dass es in ihr – im Gegensatz zur Allegorie – keine strikt eindeutigen Aussagen gibt, vielmehr der Betrachter und die Betrachterin aufgefordert werden, durch Nachdenken über das Konkret-Anschauliche und dessen Transformation in eine höhere Bedeutungsebene zu einer oder mehreren Vorstellungen und Bedeutungen zu gelangen.

Friedrichs Natur- und Religionsvorstellung, sowie die mögliche Bedeutung der altdeutschen Kleidung und deren ineinandergreifende Aspekte, wurden bereits behandelt. Meines Erachtens können wir noch einen Schritt weiter gehen und in dem Freundschaftspaar als Rückenfiguren eine Haltung des Sehens selbst und ihre Rolle als eine der Reflektion und des Nachdenkens wahrnehmen. Dies ist ein Gedanke, der nach Johannes Grave eine große Bedeutung insgesamt für die Kunst Friedrichs hat. Er nennt diese Haltung »Rolle des reflektierenden Beobachtens«.[65] Das Paar schaut auf die Natur als Landschaft und denkt über das Gesehene nach, reflektiert es. Diese Haltung lässt sich auch auf die drei ersten Bilder des Tageszeitenzyklus mit ihren menschlichen Tätigkeiten erweitern. Friedrich zeigt uns Bilder, die wir als Bilder schauen, nicht als Naturillusion begreifen sollen. Ein Bild solle »vor allem [...] Geist anregen und der Phantasie Spielraum geben und lassen, denn das Bild soll nicht die Natur selbst darstellen wollen (täuschen), sondern nur daran erinnern.«[66]

Wilhelm Körte lebte in Halberstadt in dem Haus von Gleim, dem Dichter der Aufklärung, mit dessen hinterlassener Porträtgalerie, dem »Tempel der Freundschaft«. So lässt sich abschließend fragen, ob von der Freundschafts- und Gleichheitsidee Friedrichs, die sich in dem Paar der Rückenfiguren manifestiert, eine Brücke schlagen lässt zur Freundschaftsidee des Gleimkreises wie des aktuellen des Halberstädter Zirkels um Körte? Zwischen Friedrichs Bildern und der Porträtgalerie zeigt sich anscheinend das genaue Gegenteil: Die »kommunikative Gerichtetheit« in den Gesichtern der Porträts der Galerie kommt nach Reimar Lacher, Kurator des Gleimhauses, sich auf Sulzer, den Philosophen und Ästhetiker des 18. Jahrhunderts berufend, in den Gesichtern der einzelnen Porträts, ihren Mienenspielen und Blicken, ihren Augen mit dem hochgezogenen Augenbrauen und vor allem ihren Lächeln zum Ausdruck.[67] Beispielhaft ist dies im Schöner Porträt von Körte zu sehen (Abb. 1). Die »kommunikative Gerichtetheit« zwischen Porträtiertem und uns als Betrachter und Betrachterin vor dem Bild trifft auf die Rückenfiguren Friedrichs, die sich einer solchen individuellen Porträtwahrnehmung entziehen, gerade nicht zu, aber schon Lankheit hat, wie gezeigt, diese unter die Freundschaftsbilder der Romantik eingeordnet. Offenbar gibt es eine »kommunikative Gerichtetheit« in ihnen und so auch im Hannoverschen Tageszeitenzyklus. Wir als vor den Bildern Stehende können nicht in die Gesichter der Rückenfiguren sehen, aber auf das, worauf ihre und unsere Blicke gerichtet sind: Auf die vier Bilder der Natur in ihrem stetigen Wandel, dem morgendlichen Aufgang, mittäglichen Höhepunkt und abendlichen Untergang des Sonnenlichts, auf das Verhältnis der Menschen in ihnen, wobei beides – Tätigkeit und Kontemplation – als gleichwertig und aufeinander bezogen dargestellt ist. In der Reflektion auf und über diese Natur kann sich ein neuer Tag auch in gesellschaftlicher Hinsicht ankündigen.[68] Die Landschaftsbilder liegen uns ebenso offen vor Augen, wie die Gesichter der Porträtierten der Gleimgalerie. Dort sprechen die Porträtierten zu uns, hier sind es die Landschaftsbilder. Der Aufwertung des Porträts in der Aufklärung entspricht in der Romantik eine ebensolche in der Landschaft. Was Friedrich in der Realität verwehrt wird, kann er in der Kunst zeigen, denn »die Kunst [ist] eigentlich der Mittelpunkt der Welt, der Mittelpunkt des höchsten geistigen Strebens«.[69]

1 Schreiner/Timm 1990, Nr. 207, 208–211 u. 455 (Lund). Im Anhang des Katalogs der Friedrich-Ausstellung »Caspar David Friedrich. Die Erfindung der Romantik« in Essen und Hamburg 2006/2007 ist vermerkt, dass für 2007 eine Kabinettausstellung der aus konservatorischen Gründen nicht ausleihbaren beiden Tageszeitenzyklen in Hannover stattfinden sollte. Die Ergänzung des Schiffszyklus durch die im Privatbesitz befindlichen Bilder aus der Schweiz kam aber nicht zustande. Die jetzige Ausstellung ist eine Realisierung im Rahmen des Möglichen. **2** Zitiert nach Momoko Ochiai, Die Tages-und Jahreszeitenzyklen von Caspar David Friedrich, Frankfurt am Main 2015, S. 99. Helmut Börsch-Supan – Karl Wilhelm Jähnig, Caspar David Friedrich. Gemälde, Druckgraphik und bildmäßige Zeichnungen, München 1973, S. 364f.,377f. Ochiai, 2015, S. 119. **3** Zum Tageszeitenzyklus in der «Ausstellung deutscher Kunst aus der Zeit von 1775–1875« in der Königlichen Nationalgalerie Berlin siehe Ochiai 2015, S. 97–99. **4** Zschoche 2005, S. 154. Der vollständige Brief lautet: »Wohlgeborner Herr Doktor / Schuldigen Dank für die von E. Wohlgeborenen richtig erhaltenen Sechzehn Stück Louisdor, und ich könnte wohl noch im voraus für die noch zu erhaltenden 11 (Taler-Zeichen) danken. Ich bin erfreut, daß sie willens sind mehrere Kinder meiner Laune von mir zu haben, doppelt erfreulich wird es mir dadurch, denn ich bin nun gewiß daß Ihnen die ersten Bilder nicht mißfallen. / Ihren Wunsch zufolge erhalten Sie folgendes kleine Verzeichniß meiner fertigen Arbeiten: Eine Felsenhöhle, (Erinnerung am Kuhstall bei Schandau/ 20 1/2 Zoll breit und 15 Zoll hoch der Preis 6 Louisdor – Der Marmorbruch bei Rübeland im Harzgebirge 18 1/2 Zoll und 14 1/2 Zoll hoch, der Preis 6 Louisdor – Ein neblichter Morgen 18 1/2 Zoll breit u 14 1/2 Zoll hoch P 6 Louisdor – Zwei Bilder 10 1/2 Z breit u 8 Zoll hoch beide Erinnerungen an Brocken von der Höhe. Preis 4 Louisdor – Die Überreste des Schlosses Scharfenberg bei Meißen, Winterstück 10 1/2 Z. b u 8 Zoll hoch – alles Öhlgemähde. / Bitte denen Herren Cramer u Caspari meinen freundlichen Gruß und Dank zu sagen. / Gott mit Ihnen und uns allen! / Ihr C D Friederich / NS. / Bitte um Verzeihung! Bald hätte ich vergessen Ihnen zu schreiben daß das Bild mit dem Schwan schon seinen Herrn hat.« **5** Börsch-Supan/Jähnig 1973, BS-J 274. Bei dem von Börsch-Supan/Jähnig irrtümlich als Louisdor gelesenen Betrag von »11« wurde an die Bezahlung des »Mittag« und des »Abend« gedacht. Tatsächlich handelt es sich aber um Taler; vgl. Zschoche 2005, S. 154. Ferner gilt zu berichtigen, dass es sich bei dem auf der Rückseite des »Nachmittag« notierten Betrag für zwei Bilder ebenfalls nicht um Louisdor, sondern um Friedrich d'or handelt; vgl. Weisner 2011, S. 88, Anm. 13; Hinderer 2011, S. 97. Der Betrag von 10 Friedrich d'or hat nichts mit dem Ankauf des Tageszeitenzyklus durch Körte zu tun, da der Zyklus sich noch auf der ersten Ausstellung des neugegründeten Kunstverein in Halberstadt 1828 im Besitz von Körte befand. Siehe Carl Becker, Aus den Anfängen des Halberstädter Kunstvereins, in: Katalog der Halberstädter Jahrhundertausstellung, Halberstadt 1979, S. 10f. **6** Im Anhang des Briefs vom 21.7.1821 bietet Friedrich eine Reihe Bilder an. Für Werke größeren Format als die des Tageszeitenzyklus verlangt er jeweils 6 Louisdor, für die kleineren Formats 4 Louisdor. Als etwas günstigeren Gesamtpreis für den gesamten Zyklus stehen die 16 Louisdor infrage, denn er schreibt »von mehreren Bildern«. Ginge es hier nur um zwei Bilder, wie Börsch-Supan vermutete, hätte meines Erachtens deren exakte Nennung nahegelegen. **7** In einem früheren Brief vom 9. Mai 1815 spricht Friedrich davon, dass für ein Goldstück (= 1 Louisdor) normalerweise 12 Taler taxiert werden. Er selbst beklagt sich, nur 10 Taler und 12 Groschen bekommen zu haben: Für ein »Goldstück rechnen Sie zu 12 Thlr. [Taler] an ich aber habe nur 10 Thlr. 12 g erhalten«; zitiert nach Zschoche 2005, S. 97. **8** Börsch-Supan/Jähnig 1973, S. 377, Nr. BS-J 296f.; Zschoche 2005, S. 172f. **9** Grave 2023, S. 147. **10** Weisner 2011, S. 82–85, mit einer guten Einführung in das Thema sowie einer Differenzierung des Verhältnisses von Pendants und Gesamtzyklus. **11** Niemann 1824, S. 115. **12** Böhme 1989, S. 53. **13** Grave 2023, S. 134. **14** Wulf 2016, S. 60. **15** Parallel zu meinen Ausführungen hat Kirsten Hinderer, Restauratorin der Landesgalerie Hannover, den Tageszeitenzyklus einer eingehenden Untersuchung mit Hilfe von Infrarot- und Röntgenaufnahmen unterzogen. Ich verdanke Frau Hinderer wichtige Anregungen und Erkenntnisse zum künstlerischen Verfahren Friedrichs, die im anschließenden Beitrag S. XX-XX [Hinweis auf den Hinderer-Beitrag] weiter ausgeführt sind. **16** Im Besitz von Johann Christian Dahl gelangte die Zeichnung nach Norwegen; siehe Grummt 2011, Bd. 1, S. 104, Nr. 67. Die dargestellte Gegend ist unbekannt; siehe hierzu auch Börsch-Supan/Jähnig 1973, S. 378, BS-J 297. Die Zeit der Entstehung ist äußerst ungewiss. Grummt datiert sehr früh, um 1798, Sumowski 1970 Abb. 177, dem sich Börsch-Supan/Jähnig anschließen, erst um 1815. Dieser wesentlich spätere Entstehungszeitpunkt wird auch hier befürwortet. **17** Börsch-Supan 1966, S. 149–161, insb. S. 158–161. **18** Grummt 2011, S. 632, Nr. 654. **19** Börsch-Supan/Jähnig 1973, S. 365. **20** Grummt 2011,

S. 620, Nr. 640. **21** Börsch-Supan/Jähnig 1973, S. 377. **22** Aus ökologischer Sicht wäre diese bildliche Anordnung nicht möglich. Hansjörg Küster beobachtete diesen Umstand auch in dem Bild »Der Chasseur im Wald«; siehe Börsch-Supan/Jähnig 1973, BS-J 207. Dort ist der Tannenwald ähnlich stangenartig zusammengesetzt und hat die symbolische Funktion der Darstellung von Macht des Waldes gegenüber der Ohnmacht des versprengten französischen Chasseurs (militärisch ein Jäger); weiterführend Küster 2008, S. 62ff. **23** Der hintere Berghang des »Morgen« ist auch mit Bäumen bestanden. Aufgrund der Kleinheit des Bewuchses ist nicht zuverlässig zu bestimmen, ob es sich auch hier um Kiefern oder doch um Laubbäume handelt. **24** Siehe dagegen Börsch-Supan/Jähnig 1973, S. 377f. An sich ist durch den alleinigen Brief Friedrichs an Körte vom 21.7.1821 eine Entstehung um 1822 schon hinfällig; vgl. Anm. 3. Es kommt mir aber vor allem auf den inneren Zusammengang des Zyklus an; ähnlich sieht es bereits Weisner 2011, S. 80f. **25** Zum »Morgen (Ausfahrende Boote)« vgl. Schreiner/Timm 1990, Nr. 207. Der »Mittag« dieses Seestück-Zyklus ist verschollen, siehe Schreiner/Timm 1990, Textband, S. 118, »Abend« und »Nacht« befinden sich im Schweizer Privatbesitz; »beide« Hannoveraner Zyklen sind im Essener/Hamburger Kat. 2007 abgebildet und erwähnt, siehe Anm. 1. **26** Börsch-Supan/Jähnig 1973, BS-J 283. **27** Börsch-Supan/Jähnig 1973, BS-J 298. **28** Börsch-Supan/Jähnig 1973, BS-J 329. In der Forschung ist umstritten, ab das Bild gleichzeitig um 1820 oder erst 1825 entstanden ist, da es in diesem Jahr zuerst ausgestellt wurde. Ungeachtet dessen gehört es in den Zusammenhang des Hannoverschen Tageszeitenzyklus. **29** Caspar David Friedrich, Kahn am Ufer; Börsch-Supan/Jähnig 1973, BS-J 401 Abbildung des Kupferstichs, um 1833 entstanden. **30** Börsch-Supan/Jähnig, 1973, BS-J 452. **31** Grave 2023, S. 141. **32** Ein kleiner, aber wichtiger zusätzlicher Akzent: Wie die Infrarotaufnahme zeigt, verändert Friedrich das Pferd, das nun nicht mehr steht, sondern ein Vorderbein erhoben hat und damit beginnende Bewegung suggeriert. (Siehe Abbildung Hinderer) **33** Grave 2023, S. 167. **34** Gleimhaus 2000, S. 7. **35** Gleimhaus 2000, S. 129: Wilhelm Körte veröffentlichte das gesamte Werk von Ludwig Gleim in acht Bänden zwischen 1811- 1841 sowie zahlreiche Einzeluntersuchungen zum Gleimkreis, so unter anderem «Leben und Studien F.A.Wolfs« in zwei Bänden, Essen 1833. **36** Georg Friedrich Adolph Schöner, (1774–1841) war Porträtmaler, der bei Anton Graff in Dresden (1795/96) lernte, danach von 1796 bis 1800 in Halberstadt lebte, wo auch das Porträt von Körte und andere Porträts zum »Freundschaftstempel« entstanden sind. Auf der Rückseite des Porträts (Abb. 1) steht geschrieben: »Wilhelm Körte, Dom-Vicar in Halberstadt, nach dem Leben gem. von GFA [verschlungen] Schöner ao 1800«. **37** Zschoche 2005, S. 154. **38** Körte kannte Caroline Bardua bereits aus Halberstadt, empfahl sie an Goethe zum Kunststudium nach Weimar (1805–1807). 1808 bis 1811 war Bardua ihrerseits nach Dresden zum Studium bei dem Historienmaler Gerhard von Kügelgen gezogen und kam auch in engeren Kontakt zu Friedrich, dessen Porträt sie 1810 malte. 1811 lebte sie in Ballenstedt in ihrem Elternhaus und wurde dort von Friedrich während dessen Harzwanderung mit dem Bildhauer Kühn besucht und ebenso von Körte und seiner Frau. 1812 wird sie von beiden nach Halberstadt in Körtes Wohnhaus, das Gleimhaus, eingeladen, wo sie ein Atelier von ihnen eingerichtet bekam. 1813 zieht sie erneut nach Dresden zur Fortsetzung ihres Studiums bei von Kügelgen, um bald darauf aufgrund der Kriegsumstände – diese hatten sich in Zusammenhang mit den Kämpfen gegen Napoleon nach Sachsen verlagert – ins friedliche Ballenstedt zurückzukehren; erneut ist sie 1814/15 in Halberstadt; siehe hierzu Werner 1929, S. 15–22, 29–31, 33f. u. 37–45. **39** Niemann 1824, S. 115. Erstaunlich ist, dass Marie Körte, Wilhelm Körtes Tochter, ausführlich in ihren »Erinnerungen« über das Wohnhaus ihres Vaters – das Gleimhaus mit dem Gartensaal – die Sammlungen beschreibt, auch Kügelgens »Sibylle« erwähnt, nicht aber den Tageszeitenzyklus von Friedrich; siehe Becker 1936, S. 32–37 u. 101. **40** Zschoche 2005, S. 158f. **41** Zschoche 2005, S. 153–157 weiterführend zu allen angebotenen Bildern Friedrichs, hier S. 154. Siehe auch Anm.3 mit dem vollständigen Abdruck des Briefs von Friedrich an Körte 21. Juli 2021. **42** Börsch-Supan 1990, S. 124, Börsch-Supan/Jähnig 1973, S. 365, BS-J 275 **43** Weisner 2011, S. 84. **44** Körte 1846, S. 9, Nr. 183/84. Körte 1847, S. 64, Nr. 1070 **45** Kügelgen 1970 (Erstausgabe 1870), S. 490–494. Siehe auch Peter Rautmann, Caspar David Friedrich, Landschaft als Sinnbild entfalteter bürgerlicher Wirklichkeitsaneignung, Frankfurt am Main 1979, S. 82f., Taf. 22a und b, 24a und b. Zur Abbildung der männlichen Rückenfigur in altdeutscher Tracht siehe: Grummt 2011, Nr. 797, S. 729 (Bild und Text). Es handelt sich um eine Federzeichnung auf Pauspapier, das heisst um einer Durchzeichnung, die Friedrich als Hilfsmittel für die Integration in seine Bilder gebrauchte und keine eigene Figurenzeichnung. **46** Klaus Lankheit, Das Freundschaftsbild der Romantik, Heidelberger kunsthistorische Abhandlungen, Neue Folge 1, Heidelberg 1952, S. 102. Als ikonisches Freundschaftsbild der Romantik gilt, von Lankheit genannt, »Wir drei«

von Philipp Otto Runge, das den Maler mit seiner Braut und seinem Bruder Daniel zeigt. Abb.: Jörg Träger, Philipp Otto Runge, München 1975, Abb. 306. **47** Zschoche 2005, S. 85f. **48** Luise Förster, Biographische und literarische Skizzen aus dem Leben und der Zeit Karl Försters, Dresden 1846, zit nach Hinz 1968, S. 220. Karl Sand wurde am 20. Mai 1820 hingerichtet. Grundlegend zum Einbezug des Zusammenhangs von Geschichte und Natur zur Deutung des Werks Friedrichs siehe die Arbeit von Peter Märker. Er kennzeichnet die altdeutsche Kleidung als »Gesinnungstracht« und als wichtig für die Bedeutung der Bilder mit Rückenfiguren in dieser Tracht. Ferner charakterisiert er Friedrichs politische Haltung als eine demokratisch-antifeudale. Märker 2007, S. 26–40, 46f., 96–99. Siehe auch: Mattausch 2016, S. 133–149. Börsch-Supan/Jähnig 1973, S. 356 u. BS-J 261. Preußen, das zaristische Russland und das Kaiserreich Österreich, aber auch Sachsen und andere deutsche Staaten, einigten sich auf Initiative Fürst Metternichs, Außenminister Österreichs, auf Pressezensur, Verbot der Burschenschaften und einer Zentralkommission in Mainz, die sich der Aufdeckung »demagogischer« Verbindungen widmen sollte. Märker 1976, S. 43–72. **49** Werner 1929, S. 45. **50** Teutschland lebe hoch!, Oder von Hellwig's […] Einzug und Aufenthalt vom 29sten bis 31sten October 1813 dargestellt in dem Sendschreiben eines Halberstädters an seinen Freund in Berlin 1813, Halberstadt, Bureau für Literatur und Kunst 1813, Verlag von Wilhelm Körte. **51** Körte 1815, S. 3f. **52** Werner, 1929 S. 46: So wird bei Bardua über ihr Porträt des späteren preußischen Finanzministers von Klewitz und seiner Gemahlin berichtet, dass dieser sich zunächst in altdeutscher Kleidung von ihr porträtieren ließ, um später, in seiner Berliner Zeit, Bardua aufzufordern, das Bild zu »übermalen und in einen schwarzen Frack mit weißer Halsbinde zu verwandeln«. Ebd., S. 46. **53** Körte 1846, S. 94, Nr. 10. Ferner findet sich dort eine Plakette mit dem Aufruf des preußischen Königs in Breslau 1813 zum Widerstand gegen Napoleon – das gleich zweimal, sowie eine Dokumentation des Wartburgfestes 1817 zum 300. Jahrestags des Thesenanschlags Luthers in Wittenberg, welches von der studentischen Jugend zur politischen Demonstration gegen die Restauration genutzt wurde. Ebd. Anhang, S. 95, Nr. 19 und 20; S. 96, Nr. 40. **54** Körte 1841, S. 99. Den späteren Umschwung hält auch der Schriftsteller Friedrich Matthias Gottfried Cramer fest, wenn er nach der Ermordung August von Kotzebues 1819 durch Carl Ludwig Sand eine ausführliche Dokumentation dazu verfasst. Friedrich Cramer, Akten-Auszüge aus dem Untersuchungs-Prozess über C.L.Sand, nebst anderer Materialien zur Beurteilung desselben und August von Kotzebue, Altenburg, Leipzig 1821. **55** Börsch-Supan/Jähnig 1973, S. 342, BS-J 234. Zu deuten bleibt die weiße Flagge mit dem gelbgoldenen Emblem in der Mitte, die auch Börsch-Supan bereits einbezieht, ohne sie bestimmen zu können. Während er von blauen Streifen am Flaggenrand spricht, handelt es sich aber um grüne Streifen. Das könnte auf die sächsische Flagge verweisen, aber weitere Recherchen in Bezug auf das Emblem sind noch notwendig. Weitere Hinweise, so zu den Vorzeichnungen, im Beitrag von K. Hinderer. **56** Märker 2007, S. 33–36. **57** Franz Sternbalds Wanderungen, Reclams Universal-Bibliothek Nr. 8715, Stuttgart 1966 (ergänzt 1994), S. 42. Siehe auch Jung-Kaiser 2007, S. 16. **58** Jung-Kaiser 2007, S. 14f. **59** Körte 1841, S. 99. Ein Jahr später variiert Friedrich die Thematik des Tageszeitenzyklus im größeren Maßstab mit dem Bilderpaar »Morgen« und Abend« für den Berliner Konsul Wagener: Im«Morgen« erscheint wiederum ein Schäfer, im «Abend« sitzt eine Dreiergruppe auf einem Stein am Meer und die männlich Gestalt trägt wieder altdeutsche Kleidung mit einem Barett. **60** Grave 2023, S. 160. **61** Siehe Wikipedia, https://de.wikipedia.org/wiki/Parabel_(Mathematik), abgerufen 22.03.24. Dort auch weitere Informationen zum Begriff der Parabel in der Geometrie. **62** Busch 2023, insbesondere S. 49–61 u. 64–71. Siehe hierzu auch das beschriebene Verhältnis von »Kunstwahrheit« zur »Naturwirklichkeit« bei Weisner 2011, S. 86. **63** Rautmann 1979, S. 93 u. 128. **64** In der Ringparabel mündet der Vergleich zwischen den drei abrahamitischen Religionen – der jüdischen, der christlichen und der islamischen – in einem Toleranzgebot zwischen diesen. **65** Grave 2012, S. 204–211, ins. S. 206. Im Rahmen dieser Bildinterpretation kann auf den sehr grundsätzlichen Denkansatz Graves nicht näher eingegangen werden. **66** Grave 2023, S. 134. **67** Lacher 2010, S. 37f. **68** Das Gleichheitspaar erscheint nur im »Abend«. Infrarotaufnahmen zeigen, dass ursprünglich unterschiedliche Positionen im Bug und Heck des Bootes für die Figur des Fisches erwogen wurden. Im »Mittag« verändert Friedrich die Frauenfigur, verkleinert sie, sodass die Isokephalie aufgehoben wird. Im »Nachmittag« schließlich gibt es mit dem Bauern nur eine Figur. Somit kommt dem »Abend« eine besondere Bedeutung zu, indem es allein ein Paar zeigt und als Freundschaftsbild charakterisiert werden kann. **69** Grave 2023, S. 20.

KIRSTEN HINDERER

aus der nähe betrachtet die »vier tageszeiten« und der »morgen (ausfahrende boote)« von caspar david friedrich aus kunsttechnologischer sicht

Dem in Greifswald geborenen Künstler Caspar David Friedrich (1774–1840) verdanken wir fünf in der Landesgalerie Hannover verwahrte Gemälde: »Morgen (Ausfahrende Boote)« (Kat. 2), das erste Bild eines Vier-Tageszeiten-Zyklus mit maritimen Landschaften, und ein vollständiger Vier-Tageszeiten-Zyklus mit Landszenen »Der Morgen«, »Der Mittag«, »Der Nachmittag«, »Der Abend« (Kat. 3–6). Die kleinformatigen Gemälde bezaubern mit ihrer Intimität und besonderen Anmut.[1]

Geschichte

Der »Morgen (Ausfahrende Boote)« gehörte dem aus Greifswald stammenden Berliner Verleger Georg Andreas Reimers (1776–1842), der mindestens 31 Gemälde des Künstlers besaß.[2] Der Literaturhistoriker Dr. Friedrich Wilhelm Körte (1776–1846) aus Halberstadt wiederum erwarb die »Vier Tageszeiten« direkt vom Künstler [3], alle vier Bildfolgen gemeinsam und zwar vor dem 21. Juli 1821[4], und waren 1828 im Kunstverein Halberstadt ausgestellt.[5] Nach 100 Jahren in Familienbesitz erwarb das Landesmuseum die fünf Gemälde aus dem Kunsthandel.

Bildträger

Die Gewebe der fünf kleinformatigen Gemälde des Tageszeitenzyklus und »Morgen (Ausfahrende Boote)« in einfacher Leinenbindung gehören zu den feinsten im Œuvre Friedrichs nachgewiesenen Malleinen.[6]
Bis etwa 1830 wurden Gewebe auf handbetriebenen Webstühlen hergestellt, in häuslichem Betrieb oder seltener in Manufakturen. Die Leinwände des Hannoverschen Tageszeitenzyklus stammen von unterschiedlichen Ballen, jedoch weisen anhand der ver-

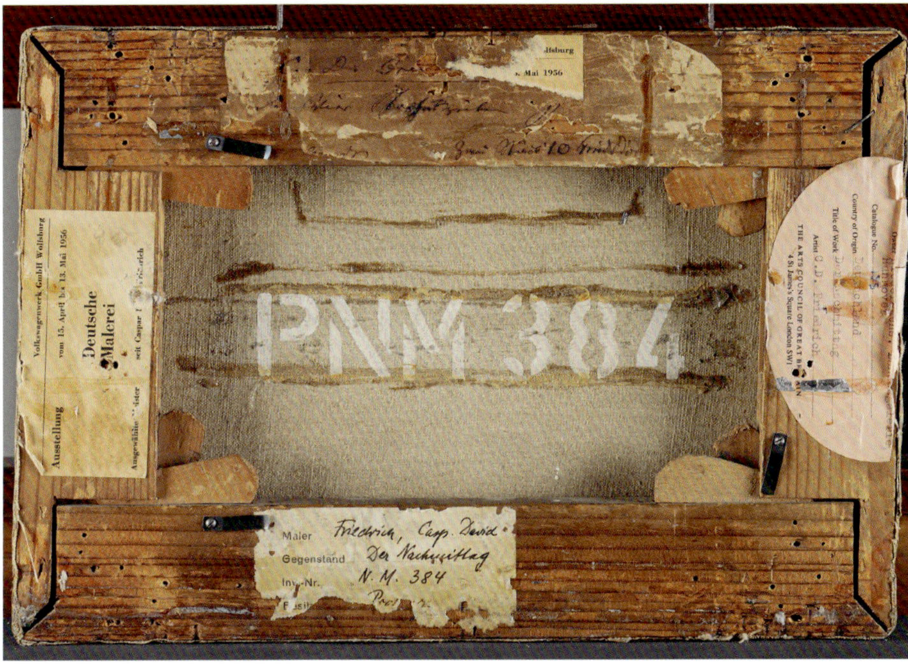

messenen Röntgenbilder jeweils »Morgen«/ »Abend« und »Mittag«/ »Nachmittag« dieselbe Beschaffenheit auf, was auf eine paarweise Entstehung hindeuten könnte.[7] Zwar gibt es bislang keine eindeutigen Belege, doch dürfte Friedrich seine Malutensilien im Dresdener Handel besorgt haben, wo auch überregional geschätzte Farben- und Maltuchhersteller ansässig waren.[8]

Die aus Kiefernholz im Tangentialschnitt gefertigten Keilrahmen des Tageszeitenzyklus sind original. [9] Die Schenkelbreiten liegen bei 48 mm, beim Mittag bei 44 mm. Solch eine Breite ist für die kleinen Formate vergleichsweise überdimensioniert. Ihre verdeckte, auf Gehrung gearbeitete Schlitz-Zapfen-Eckverbindung stellte eine spezielle Neuentwicklung dar und ist auch bei anderen Künstlern der Region anzutreffen (Abb. 1).[10]

Abb. 1
Caspar David Friedrich,
»Nachmittag« (Rückseite)

Maßgleiches Format

Caspar David Friedrich verwendete im Zeitraum von 1816/17 bis 1824 für seine kleinformatigen Bilder ein einheitliches Maß zwischen min. 21 × 30 cm und max. 23,2 × 31,3 cm für insgesamt 22 Gemälde.[11] Aufgrund der Anzahl, Häufung und Machart wäre zu vermuten, dass er sein Wunschmaß in größerer Stückzahl nach und nach selbst anfertigen ließ.[12] Drei der vier verwendeten Keilrahmen stammen aus derselben Werkstatt bzw. demselben Konglomerat, weil sie spezifische Merkmale aufweisen: Die Leisten sind jeweils aus einem einzigen Stück gefertigt, wobei in der langen Leiste der Schlitz mit rückseitigem Keilschlitz ausgebildet ist. Diese Konstruktion stellte aufgrund ihres Verbindungsstücks mit Gehrung eine handwerkliche Herausforderung dar. Markierungen mit einem scharfen Werkzeug, beispielsweise ein Stecheisen, erleichterten dabei dem Tischler die Herstellung. Die komplizierten Eckverbindungen sind sorgfältig gearbeitet, durchweg ist die Keilbreite um 2 mm knapper markiert als letztendlich ausgeführt. Die Keilrahmenbeschaffenheit des »Mittag« wiederum weicht nicht nur in Schenkelbreite[13] und Holzqualität ab, sondern auch mit kurzen Keilschlitzen und Fertigungsmarkierungen, und könnte aus einer anderen Charge stammen. Die »Vier Tageszeiten« weisen an der Unterseite der oberen Keilrahmenleisten ein mittig gesetztes kleines Nagelloch auf, das aller Wahrscheinlichkeit nach zur Befestigung in Friedrichs Atelier diente.[14]

Die Bildträger zeigen einen Grundierungsaufbau, wie er mittlerweile an vielen Bildern Friedrichs nachgewiesen wurde[15]: Auf eine gespachtelte, die Gewebelücken füllende braun-ockerfarbene Schicht folgten mehrere dünne, gebrochen-weiße Schichten, wobei die letzte mit einem breiten Pinsel aufgestrichen wurde. Die gesamte Oberfläche weist feine Rillen auf. Die oberste Schicht hat einen warmen rötlichen Ton, außer beim »Mittag«, die ursprünglich weiß gewesen sein dürfte. Friedrich könnte diese Tönungen bewusst gewählt haben, weil der »Mittag« als einziges Gemälde des Zyklus keine warme Sonnenfärbung am Himmel darstellte, die Malerei der Landschaften von »Mittag« und «Nachmittag« wiederum benötigten keine unterschiedliche Färbung.[16] Es handelt sich jeweils um Rand nahe Stücke aus einem größeren vorgrundierten Gewebe, denn alle weisen an nur einer Seite sogenannte Primärspanngirlanden auf, wie sie beim Aufspannen und Grundieren eines größeren Gewebestücks entstehen, aus dem das gewünschte Bildformat abgeschnitten wurde. Die vorgrundierten Gewebe wurden mit Nägeln in Abständen von 3–4 cm auf die Keilrahmen aufgespannt.[17]

Verwendung von Naturstudien

Inspirierende Quelle war für Friedrich die Natur. Auf Wanderungen in der Sächsischen Schweiz, im Harz oder auf Reisen in seine Heimat studierte er sie zeichnerisch auf Papier. Aus Einzelstudien fertigte er Kompositionen für seine Gemälde an, verwendete Zeichnungen mehrfach und über einen langen Zeitraum hinweg.[18] Der Künstler hatte in den Jahren 1815 und 1818 Reisen nach

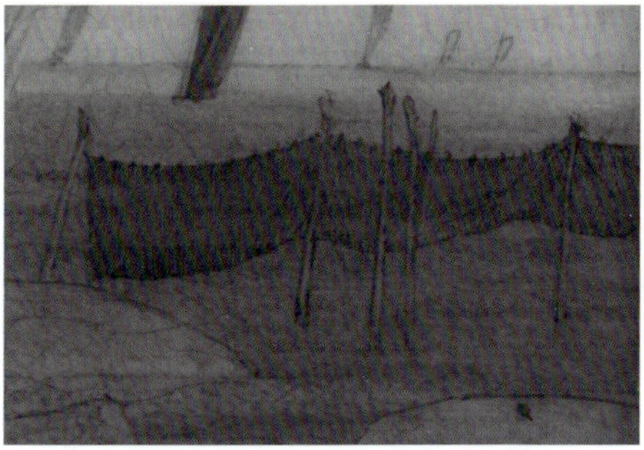

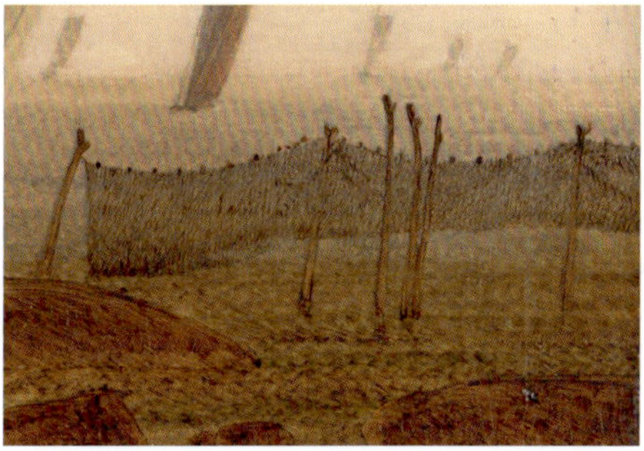

Rügen unternommen. Eine am 7. Oktober 1815 im Pommerschen Skizzenbuch flüchtig festgehaltene Bleistiftstudie der zum Trocknen aufgehängten Fischernetze diente ihm im Gemälde »Morgen (Ausfahrende Boote)« als Grundlage (Abb. 2a + 2b).[19]

Nur für den »Nachmittag« aus dem Tageszeitenzyklus erhielt sich eine Vorstudie in Bleistift, die auf 1798 oder 1815 datiert wird. (vgl. Rautmann, Abb. 2)[20] Die flüchtig in der Natur festgehaltene Skizze steht dem etwa doppelt so großen Gemälde in Komposition und Gegenständen erstaunlich nahe. Neben wenigen Detailänderungen liegt eine Vertikalisierung der Szene sowie ein geringerer Betrachterabstand vor: Friedrich wechselte zu einem tieferen Standpunkt, vergrößerte die Gegenstände in unterschiedlichem Maßverhältnis und verringerte die Abstände der Baumgruppen. Die Vorlage der drei Baumgruppen des Mittelgrunds mit ihren Charakteristika und in Variation verwendete er für drei weitere Gemälde.[21] Dies lässt an Hilfsmittel und Montagetechnik bei der Vorbereitung und Übertragung denken.[22] Ausgearbeitete Vorlagen dürften für den Künstler die Ausgangsbasis für den Arbeitsschritt der Unterzeichnung gewesen sein.

Unterzeichnung

Die Unterzeichnung stellte die erste zeichnerische Anlage auf der grundierten Leinwand dar. Unterzeichnungen, Untermalungen und Pentimenti bieten Einblick in die Werkgene-

Abb. 2a
Unterzeichnung des Fischernetzes
IRR von Kat. 2 **»Morgen (Ausfahrende Boote)«** (Detail)
© Landesmuseum Hannover

Abb. 2b
Malerische Ausführung des Fischernetzes mit Veränderung (Pentiment) gegenüber der Unterzeichnung, Kat. 2 **»Morgen (Ausfahrende Boote)«** (Detail)
© Landesmuseum Hannover

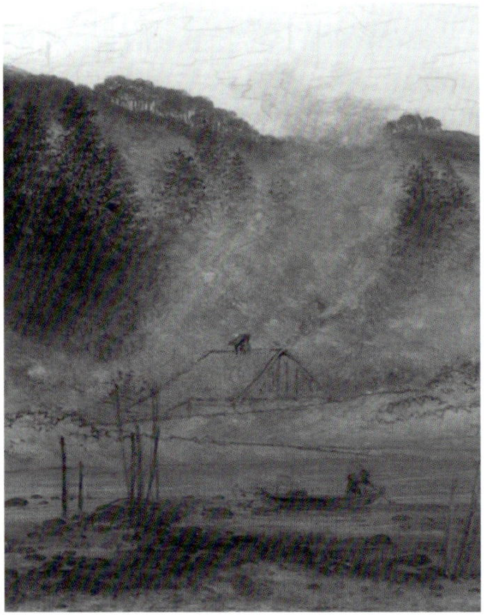

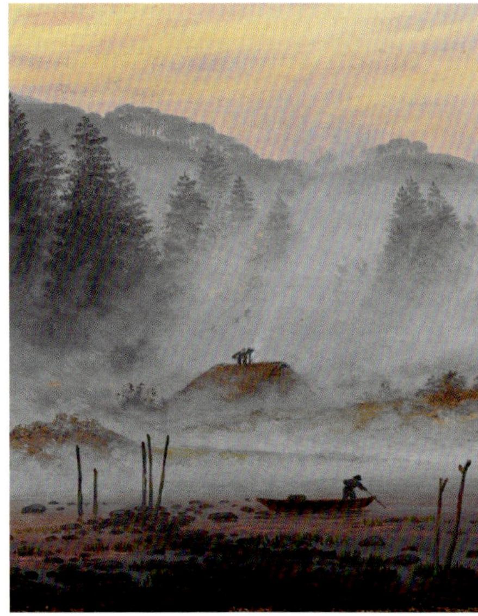

se und können mit der Infrarotreflektografie sichtbar gemacht werden. Für die Unterzeichnung verwendete kohlenstoffhaltige Farbmittel erscheinen auf der reflektierenden hellen Grundierung im Infrarotreflektogramm (IRR) schwarz. Je nach Material können nicht alle Unterzeichnungen sichtbar gemacht werden, und ebenso nicht, wenn sie von abschirmender Malerei überdeckt sind.

Friedrich unterzeichnete zunächst in lockeren Schwüngen mit hartem und weichem Stift, beließ Wolken und Nebelfelder auf diese Weise und verdeutlichte dann mit einer Feder präzise die Linien für Horizont, Figuren, Gegenstände und Baumstämme (Abb. 3a). In Feder, wiederum locker, skizzierte er Gräser und Grasnarben mit Strichen und Zickzacklinien, Buschwerk und Baumkronen mit kleinen Bögen, Zweige in

Abb. 3a
Fischer in unterschiedlicher Positionierung, vollständig unterzeichnete Hütte, Unterzeichnung in Bögen, Wellen und Schwüngen, IRR von Kat. 3 **»Morgen« (Detail)**

Abb. 3b
Kat. 3 **»Morgen« (Detail)**

Häkchen, Wegkanten und Feldabstufungen mit Wellen, unterbrochenen Linien oder Querstrichen, die ihm im nachfolgenden Malprozess eine Orientierung gaben.[23] »Morgen (Ausfahrende Boote)« (Kat. 2) zeigt eine klare Lineatur, was der vegetationslosen Darstellung geschuldet ist.

Das flüssige Zeichenmedium, wohl Tusche, im »Morgen (Ausfahrende Boote)« kann innerhalb eines Strichs in der Farbsättigung variieren und wellige Schwemmränder aufweisen, was auf eine stärkere Verdünnung und Absetzung der färbenden Substanz zurückzuführen ist. Im Tageszeitenzyklus dagegen sind die Linien gleichbleibend sattschwarz mit klaren Konturen (Abb. 4).

Farbschicht

Friedrichs Repertoire an Maltechniken charakterisieren ihn als sorgfältigen, versierten Künstler mit Augenmerk auf kleinste Details. Malfarben setzte er gezielt in unterschiedlichen Konsistenzen ein: Homogen und zäh; deckend, durchscheinend oder offenlückenhaft nur von einzelnen Haaren des Pinselverbunds erzeugt; nass-in-nass oder auf die getrocknete Malschicht. Er benutzte nicht nur verschiedene Pinsel, sondern modellierte mit trockenem Pinsel und Stäbchen.

Den Einstieg in die Farbgestaltung bildete eine dünne Untermalung im Grundton. Die Oberflächenstruktur der ungeschliffenen Grundierung diente ihm dabei als gestalterisches Mittel mit einem farbigen, hell-dunklen Wechselspiel durch die feinen Rillen.

Beim Farbauftrag übernahm der Künstler in der Regel die wohlüberlegte Unterzeichnung. Im »Morgen (Ausfahrende Boote)« fand der Auftrag exakt innerhalb der Konturlinien statt, sogar bei Netzgabeln und Steinen, die leicht sichtbar blieben. Manche Flächen wurden mit breiterem Pinsel in langen Zügen mit Farbtonmodulationen geschlossen, häufig einschichtig. Baumkronen und grob umrissene Nebelfelder blieben von der Umgebungsfarbe ausgespart.

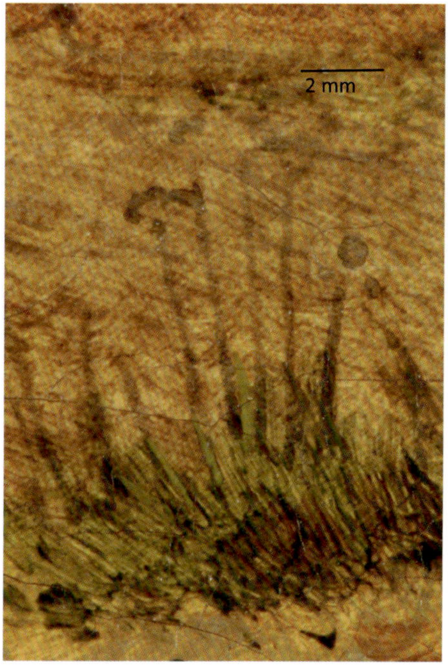

Abb. 4
Unterzeichnungslinie mit Feder für die Gräser von Kat. 2 **»Morgen (Ausfahrende Boote)«** (Detail)
© Landesmuseum Hannover

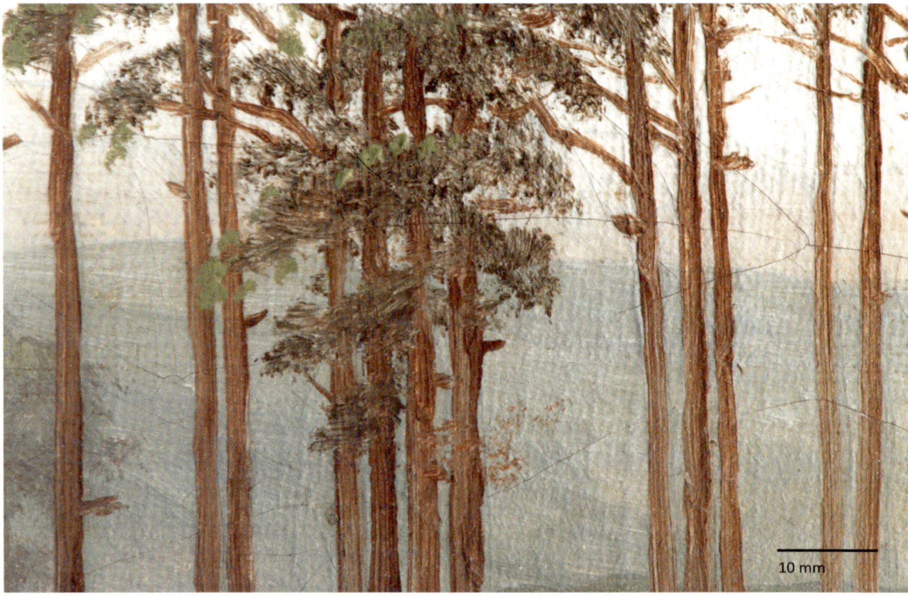

Abb. 5
Ausgestaltung der Bäume vor hellem Hintergrund Kat. 4 **»Nachmittag«** (Detail)

In den Vordergründen wirkt das Farbspiel der Untermalung in die Malerei hinein, die übrigen Partien wurden mit dichten oder leicht offenen Farbaufträgen gemalt. Im »Morgen (Ausfahrende Boote)« ist in der unteren Bildhälfte die Grundierung neben den braunen, blau-grauen und grünen kurzen, leicht pastosen Strichen für die Darstellung der seichten Uferzone einbezogen, ebenso in der heute hellgräulich erscheinenden Darstellung des Wassers, das von einer halbtransparenten Farbschicht in rötlich-gebrochenem Weiß bedeckt wurde (Abb. 5).[24] Die Steine wurden im feinen Duktus einer offenen Malschicht in Braun modelliert.

Die Himmelspartie im »Morgen« wurde mit gut verstreichbaren Tönen mit hohem Weißanteil mehrschichtig und recht früh im Malprozess fertiggestellt, die Luftperspektive der Berge in feiner Nuancierung ausgearbeitet. Beim »Abend« liegt eine dunkle lückenhafte Farbe über hellem strukturiertem Grund. Die Konturauflösung von atmosphärischen Erscheinungen, wie Nebelschwaden, ziehenden Regenwolken und Regen im »Nachmittag« wurden mit einem zäh-streifigen letzten Farbauftrag erzeugt.

Bei den dünnen Stämmen der Baumreihen im Mittelgrund im »Mittag«, »Nachmittag« und »Abend« kann man den gestalterischen Aufwand erahnen: Sie wurden durchweg mit einem ersten schwarzbraunen Pinselstrich pastos angelegt, dann die Umgebungsfarbe aufgetragen. Auf den Stämmen störend liegende Farbe wurde mit trockenem Pinsel oder Stäbchen entfernt, um die Baumstämme endgültig in Braun nachzuziehen – entlang der Konturen der ersten Anlage (Abb. 5). Zur Ausarbeitung der Bäume und Büsche, deren Unterzeichnung lediglich skizziert war, diente ihm eine freie einfache Technik: Sie wurden locker in Dunkelgrün angelegt. Während Schattenpartien so stehen blieben, folgten in die nasse Farbe mit effektvoller Eleganz Mittelgrün mit Hellblau für das Blattwerk und Akzente in Hellgrün mit tupfendem Spitzpinsel. Wipfel, Zweige und Büschel wurden frei in formgebender Strichführung, verschieden aufgesetzten Flach- und Spitzpinseln gestaltet. Mit auffallend leuchtenden Farben malte der Künstler helle Pflanzen vor dunklem Vordergrund, scheinbar umso leuchtender und kleiner nass-in-nass, je später sie im Malprozess folgten (Abb. 6).

Pentimenti in Unterzeichnung und Malerei

Die IRR zeigt, dass Friedrich sich im Malprozess an seine Unterzeichnung der großen Komposition hielt, dazu zählen die raumschaffenden Linien in Landschaft und Wolkenformation. Er korrigierte allerdings zahlreiche Details beim Unterzeichnen und Malen. Er probierte Positionen, verkürzte um Millimeter oder Zentimeter, häufig Netzstangen, Stämme oder Segel, verlängerte nie, entfernte und fügte hinzu, immer Netzstangen und Stämme.

Im »Morgen (Ausfahrende Boote)« wölbte er das Segel des zweiten Bootes stärker, änderte die Winkel des Taus und seine Bindungsrichtung am Mast und verstärkte subtil die Richtung nach oben. Er hatte alle Fäden für das Fischernetz mit Feder unterzeichnet, als er ihm beim Malen die durch Faltenschwünge entstehende wellige Unterkante nahm und sie mit einer geraderen ersetzte (Abb. 2a und 2b). Er klärte die Uferlinie, indem er Steine beschnitt, fügte spät den roten Farbakzent mit dem über dem Bootsrand geschlungenen Tuch ein.

»Der Morgen« weist die eklatantesten Änderungen auf: Ursprünglich war der Kahn länger und mit einer Figur im Heck besetzt, der Fischer in größerer Gestalt und es gab einen großen, nicht identifizierbaren Gegenstand im See. Die Hütte ist mit gekreuzten Firstbrettern und Fundament gezeichnet, die unteren Äste der Nadelbäume angedeutet. Diese Details gab er alle auf im Sinne einer Entleerung, Konzentration und Bedeutungserhöhung des Vorhandenen (Abb. 3a).
Im »Abend« entfernte er nach der ersten farbigen Anlage große herabhängenden Äste der rechten Kiefer sowie zwei junge Kiefernbüsche und Stämme, um die Szene zu fokussieren und den Blick in die Ferne zu erweitern (Abb. 7a + 7b).

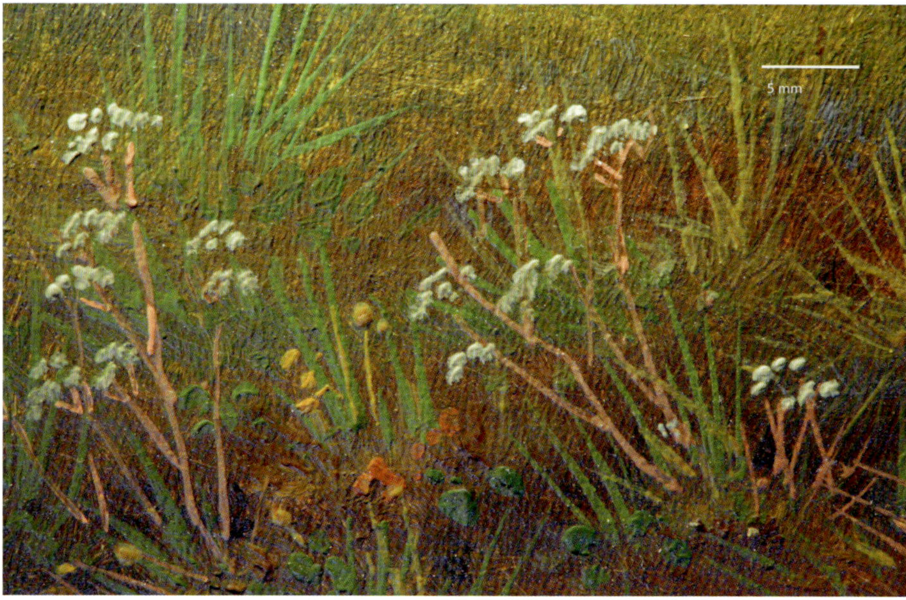

Wenige Änderungen sind festzustellen bei den anderen Gemälden, aber inhaltlich bemerkenswerte: Im »Mittag« war die Frauenfigur um einen Kopf größer bereits malerisch ausgeführt, als er sie verkleinerte und ihre Präsenz reduzierte. Im »Nachmittag« wurde das stehend konzipierte Pferd in ein gehendes Ross verändert. Sogar die kleinen Baumstämme der Reihen im Mittelgrund wurden in allen drei Bildern, die das Motiv enthalten, korrigiert (»Mittag«, »Nachmittag«, »Abend«), verkürzt, entfernt, wie hinzugefügt, um Gleichförmigkeit zugunsten von natürlicher Abwechslung aufzulösen. Die Baumkronen wurden mit kleinen Lichtdurchblicken zum Himmel geöffnet. Flächige Frühschwundrisse kommen, besonders beim »Abend« im Himmel, beim »Morgen« an Böschung und See vor. Sie deuten auf weitere Änderungen hin, über die das IRR allerdings keine Auskunft gibt.

Gibt es maltechnische Hinweise auf eine Konzeption bzw. Entstehung des Zyklus von zunächst Morgen und Abend als Pendants? Könnten Mittag und Nachmittag kurze Zeit später konzipiert bzw. gemalt worden sein?

Abb. 6
Darstellung von Pflanzen von Kat. 4
»Mittag« (Detail)
© Landesmuseum Hannover

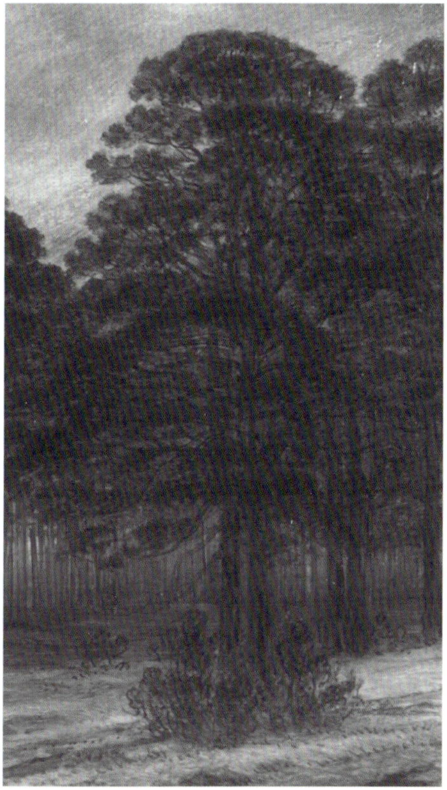

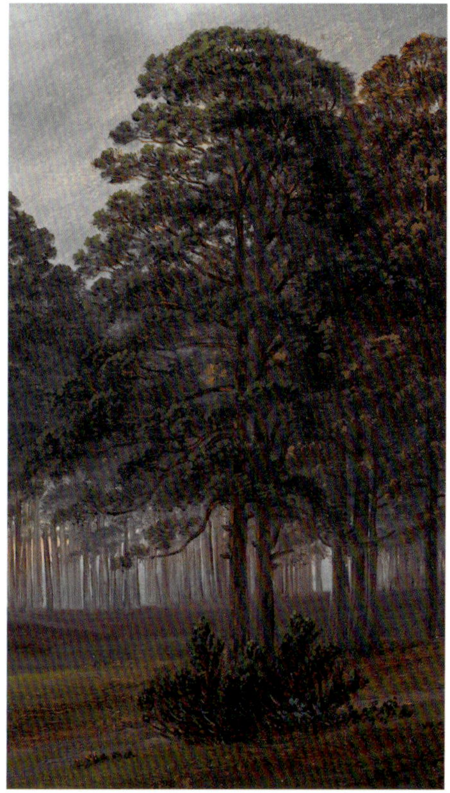

Der Einsatz von Farbkontrasten unterscheidet »Morgen«/ »Abend« von »Mittag«/ »Nachmittag«. Die Maltechnik der vier Gemälde ist sehr ähnlich, bestimmte Gestaltungsmittel wurden nicht eingesetzt (wie stupfender Farbauftrag zur Darstellung großer Flächen, der Farbauftrag von leuchtenden Farben, die in der nachfolgenden Schicht gedämpft

Abb. 7a
Unterzeichnung von Ästen von Kat. 6
»Abend«, IRR (Detail)
© Landesmuseum Hannover

Abb. 7b
Darstellung von Ästen von Kat. 6
»Der Abend« (Detail)
© Landesmuseum Hannover

werden oder die Konturnutzung innerhalb der Malerei). Nur feine Unterschiede lassen sich ausmachen. Der »Morgen« dürfte das maltechnisch vielseitigste sein. Im Verlauf des Arbeitsprozesses fanden im »Morgen« und »Abend« viele Korrekturen, nämlich Verkleinerung von Details, Weglassungen, Verschiebungen statt, während der Künstler beim »Mittag« und »Nachmittag« mit wenigen Ausnahmen dem anfangs festgelegten Konzept folgte. Augenscheinliche Ähnlichkeiten der Vorder- und Mittelgründe im »Mittag« und »Nachmittag« sind einerseits den ähnlichen Bildelementen geschuldet (Weg, Wiesen bzw. Ackerfläche), andererseits den ähnlichen Gestaltungsmerkmalen (Braun, das den Untergrund mitwirken ließ, Details mit deckendem und zäh-offenem Farbauftrag, sowie die schlanken Baumstämme). Dies steht in einer Verwandtschaft mit dem Vordergrund im »Abend«. Eine Entstehung von zunächst »Morgen« und »Abend«, sowie eine enge Verknüpfung mit »Mittag« und »Nachmittag« erscheint maltechnisch denkbar.[25]

Fazit

Die kunsttechnologische Untersuchung der Gemälde bietet eine neue Zugangsebene zum Bildverständnis auf materieller Ebene. Doch auch damit ist die Essenz der Kunst Friedrichs nicht zu entschlüsseln. Ihre stille Präsenz, die uns heute in Bann zieht, bleibt als Ganzes unfassbar. Friedrich war ein exzellenter Beobachter der Natur. Ihm gelang es, Naturphänomene einzufangen und besondere Lichtstimmungen zu erzeugen. Mit einfachen sowie komplizierten künstlerischen Gestaltungstechniken schuf er eine Harmonie von Materialität und verschmelzenden Farbgrenzen. Im Malprozess scheint er ein aufmerksam Handelnder gewesen zu sein, reduzierte Unnötiges und korrigierte häufig um wenige Millimeter kleine Details nach seinem künstlerischen Gefühl.

Den technischen Besonderheiten des »Mittag« innerhalb des Hannoverschen Tageszeitenzyklus im Besonderen und dem Standardmaß Caspar David Friedrichs um 1820 im Weiteren sollte nachgegangen werden.

1 Während der Schließung der Schausammlung im Landesmuseum Hannover erfolgte eine kunsttechnologische Untersuchung der Werke Caspar David Friedrichs mittels Stereomikroskop bis zu 50facher Vergrößerung, Anfertigung von digitalen Fotografien im ultravioletten und Streiflicht. Ende 2023 wurden erstmals ganzformatige Infrarotaufnahmen (Osiris-A1, Wellenlängenbereich 0,9–1,7 µm, InGaAs-Chip), sowie Röntgenaufnahmen (HBK Dresden, Dipl.-Ing. Kerstin Riße) erstellt. Mein Dank gilt Mechthild Most und Eva Wenders de Calisse, sowie den Autorinnen des Beitrags in der Zeitschrift für Kunsttechnologie und Konservierung (Most et al. 2024 II), Peter Rautmann und Thomas Andratschke. Das Jubiläumsjahr gab Anlass, die kunsttechnologischen Befunde an Friedrichs Werke in den Sammlungen der Staatlichen Kunstsammlungen Dresden, Staatliche Museen zu Berlin – Alte Nationalgalerie, Stiftung Preußische Schlösser und Gärten Berlin-Brandenburg, Landesmuseum Hannover, Staatsgalerie Stuttgart und Klassik Stiftung Weimar zusammenzutragen und zu diskutieren. Zwei Publikationen zur Arbeitsweise Caspar David Friedrichs sind in Vorbereitung (Most et al. 2024 (I, II) **2** Ochiai 2015, S. 73. **3** Brief Caspar David Friedrichs an Dr. Wilhelm Körte, siehe Zschoche 2005, S. 154; Niemann 1824, S. 115; Ochiai 2015, S. 98. **4** Bisher war man, u. a. basierend auf ungenauen Quellenabschriften, davon ausgegangen, dass Körte nicht alle Gemälde auf einmal erhielt: »Der Morgen« und »Der Abend« waren zunächst als Pendants konzipiert und wurden mit »Der Mittag« und »Der Nachmittag« zu einem vierteiligen Zyklus erweitert; vgl. Börsch-Supan/ Jähnig 1973, S. 364f., 377f.; Schreiner/Timm 1990, S. 119–124; Börsch-Supan 2008, S. 174. Datierung nach Börsch-Supan 2008, S. 172f.: »Der Morgen«, »Der Abend« um 1821 und »Der Mittag«, »Der Nachmittag« 1822. Weisner 2011, S. 79–81 entkräftet die Argumente für eine Entstehung der Gemälde als Bildpaar und geht von einer Lieferung zweier Gemälde vor und nach dem Brief von 21.07.1821 aus, auf der Grundlage von Zschoche 2005, S. 154. Datierung nach Weisner 2011: 1821/22. Rautmann interpretiert Brief und rückseitige Aufschrift auf dem »Nachmittag« neu und folgert schlüssig auf eine Lieferung des vollständigen Zyklus vor dem Brief von 21.07.1821. Datierung nach Rautmann: 1820/ 21; vgl. in dieser Publikation, S. 16–20. Zu den rückseitigen Aufschriften siehe Hinderer 2011, S. 97. Die Papierqualität der Aufschriften lässt auf eine zeitliche Eingrenzung bis Mitte des 19. Jahrhunderts schließen (mikrochemischer Test auf Holzschliff: Friederike Krause). **5** Vgl. Rautmann in dieser Publikation. **6** Mösl 2021, S. 88. Derart feine Gewebe sind an Gemälden zeitgenössischer Dresdner Maler belegt, zum Beispiel zwischen 1826–1829 bei Carl Gustav Carus; vgl. Giebe/Möckel/Mösl 2011, S. 117. **7** Don H. Johnson, Rice University Houston, Texas, hat eine Thread Count-Analyse (TCA) der Gewebe durchgeführt, dem an dieser Stelle sehr gedankt sei. »Der Morgen« und »Der Abend« weisen durchschnittlich ca. 27 Fäden in Kett- und 23 Fäden in Schussrichtung, »Der Mittag« und »Der Nachmittag« sowie vom »Morgen (Ausfahrende Boote)« durchschnittlich ca. 26 Fäden in Kett- und Schussrichtung auf. Mösl 2021, S. 56 ermittelte, dass die Leinwände der Pendants »Mönch am Meer« und »Abtei im Eichwald« aus demselben Ballen stammen (beide 1809–10, 110,6 × 171,4 cm bzw. 110,4 × 171 cm, Staatliche Museen zu Berlin – Alte Nationalgalerie). Auch die beiden Pendants »Ländliche ebene Gegend« und »Landschaft mit Windmühlen« (beide 1822/23, 27,4 bzw. 27,7 × 41,1 cm, Stiftung Preußische Schlösser und Gärten Berlin-Brandenburg) weisen ähnliche Gewebedichten auf und stammen aus demselben Ballen; siehe Most et al. 2024 (I u. II). Die Bildträger der als Pendants beauftragten Gemälde »Einsamer Baum« und »Mondaufgang am Meer« (beide 1817, beide 55 × 71 cm, Staatliche Museen zu Berlin – Alte Nationalgalerie) stammen von unterschiedlichen Leinwandballen; nochmals Mösl 2021, S. 87. Die unterschiedlichen Gewebe des »Vier Tageszeiten«-Zyklus stellen demnach kein Argument gegen eine Entstehung der vier Gemälde als Einheit dar.

8 Ausführliche Liste der Bezugsquellen bei Mösl 2021, S. 187–192. **9** Die Gemälde sind doubliert, übereinstimmende Positionen von Löchern in Spannrändern und Rahmenschenkeln sind zu ermitteln. Der heutige Keilrahmen von »Morgen (Ausfahrende Boote)« ist nicht original. Holzanatomische Bestimmung: Renate Kühnen. »Der Mittag« weist dieselbe Holzart, aber eine Qualität mit wesentlich dichterem Wuchs auf. **10** Die verdeckte Schlitz-Zapfenkonstruktion ist bei Friedrich bisher an Werken bis 1829 nachgewiesen, siehe Mösl 2021, S. 76, sowie bei Carl Gustav Carus zwischen 1814 und nach 1852, siehe Giebe/ Möckel/ Mösl 2011, S. 118 u. 136, Anm.12. Ein frühes Beispiel ist das 1811 datierte Gemälde von Georg Friedrich Kersting (Caspar David Friedrich in seinem Atelier, Hamburger Kunsthalle); vgl. Bertsch/ Koechakian 2023, S. 378. **11** Die Schenkellängen der vier Keilrahmen der »Vier Tageszeiten« liegen mit geringen, der manuellen Herstellung geschuldeten Abweichungen zwischen 21,2–21, 4 cm und 29,8–30,1 cm. Die Maßangabe der 22 Gemälde beruht auf Katalogeinträgen, Bildmaße können durch spätere Eingriffe verändert sein. Es gibt nur 2 Gemälde über 22,5 cm. Die Kleinformate Friedrichs sowie anderer Dresdner Maler sollten auf ihre originalen Keilrahmen hin untersucht werden. Mösl 2021, S. 78 u. 1195f. errechnete ein Standardmaß für ›Kleinstformate‹ über das gesamte Gesamtwerk hinweg mit einem Mittelwert von ca. 23 × 31 cm, allerdings mit einer Maßspanne von ca. 5 cm. Innerhalb dieser Gruppe wiederum lässt sich das oben angeführte Format mit sehr geringer Abweichung filtern. Mösl 2021, S. 1195f.: Ergänzung der Liste Mösls um das Gemälde BSJ 241. Johannes Grave stellte die Vermutung auf, dass die kleinformatigen, am Ende der 1810er Jahre entstandenen Seestücke dasselbe Standardmaß aufweisen, damit der Käufer diejenigen Seestücke, die nicht als Pendant konzipiert waren, kombinieren konnte; vgl. Kat. Hamburg 2023, Kat. Nr. 117 u. 118, S. 216. **12** Mösl 2021, S. 78, S. 79 Anm. 531 u. S. 82 vermutet, dass Friedrich auf standardisierte Normgrößen aus dem Angebot im Handel zurückgriff, hält es allerdings für möglich, dass ein Tischler ihm Keilrahmen auf Maß anfertigte. **13** Das Gemälde »Küstenlandschaft im Mondschein«, 1818, 22 × 30,5 cm, Paris, Musée du Louvre Paris, ist auf einen Keilrahmen mit verdeckter Schlitz-Zapfenkonstruktion aufgespannt mit einer Schenkelbreite von 45 mm (Angabe anhand eines Rückseitenfotos). Der Keilrahmen mit derselben Eckkonstruktion eines Gemäldes aus Privatbesitz (23,5 × 30,2 cm) ist mit 53 mm breiten Schenkel ausgestattet; freundliche Mitteilung von Mechthild Most. **14** Ein eben solches Nagelloch findet sich im Keilrahmen des Gemäldes »Kreuz an der Ostsee« (um 1815, 45 × 33,5 cm, Stiftung Preußische Schlösser und Gärten Berlin-Brandenburg), freundlicher Hinweis von Mechthild Most. **15** Mösl 2021, S. 97 und S. 102 sowie Most et al. 2024 II. **16** Most et al. 2024 II. **17** Zur Frage, ob der Künstler selbst aufspannte, siehe Most et. al. 2024 (I u. II). **18** Grummt 2011, S. 30. Zum Verfahren der Übertragung vgl. Most et al. 2024 (I u. II). **19** »Reusen, Netze und Steine«, Bleistift, Farbproben, Federproben, 180 × 213 mm, 7.10.1815, Nasjonalmuseet for kunst, arkitektur og design, Nasjonalgalleriet, Oslo; vgl. Grummt 2011, Nr. 754. Die vertikale Linie mit der Angabe ›Mensch‹ zeigt die Maßgröße zur menschlichen Gestalt, die im Gemälde dem am Mast stehenden Fischer entspricht. **20** »Landschaft mit hohen Kiefern und Pferdewagen«, Bleistift auf Papier, 1798 oder 1815, H: 92 mm, B: 16,5 mm, Nasjonalmuseet for kunst, arkitektur og design, Nasjonalgalleriet, Oslo; siehe Grummt 2011, Nr. 67; Hinz 1964, S. 247; Sumowski 1970, S. 76 Anm. 89 u. S. 78; Börsch-Supan 2008, S. 221, Anm. 472. Die Nationalgalerie Oslo, Grummt 2011 und Hinz 1964 datieren das Blatt auf 1798; Börsch-Supan 2008 und Sumowski 1970 datieren es um 1815. **21** »Einsames Haus am Kiefernwald« (1820/25), 19 × 25 cm, Wallraf-Richartz Museum Köln; »Kahn am Ufer« (1833), ca. 35 × 47 cm, verschollen; »Kiefernwald mit Teich« (um 1836), 34,7 × 43,8 cm, Museum Georg Schäfer Schweinfurt; vgl. Sumowski 1970, S. 78; Schreiner/ Timm 1990, S. 122. **22** Es sind Liniennetze, Pausen und Montagetechnik belegbar; vgl. Mösl 2021, S. 114–117. Inwieweit Friedrich Korrekturen auf der Leinwand mit einem Radiergummi vornahm, ist nicht nachgewiesen; nochmals Mösl 2021, S. 116; zu Friedrichs Vergrößerungs- und Übertragungstechniken siehe auch Most et al. 2024 (I u. II). **23** Entspricht Phase II nach Mösl 2021, S. 120. Die pastose Anlage der Baumstämme mit dem Pinsel könnte als zweite Stufe einer Unterzeichnung gewertet werden und damit Phase III andeuten. Die Unterzeichnungslinien mit Feder liegen im Morgen teilweise auf einer ockerfarbenen Farbschattierung. **24** Mit ähnlich offenem Vordergrund ist das Gemälde »Frau am Meer«, 1818, 21,5 × 30 cm, Kunstmuseum Winterthur, Stiftung Oskar Reinhart, gestaltet. **25** S. Rautmann in dieser Publikation, der zu einer ähnlichen Schlussfolgerung kommt, S. 20 und Anm. 24. Weitere Erkenntnisse in Most 2024 et al. (I, II). Die Gemälde des »Vier Tageszeiten-Zyklus« können mit den neu gewonnenen kunsttechnologischen Forschungsergebnissen innerhalb des Œvre Friedrichs diffenrenziert betrachtet werden.

literaturverzeichnis

Becker 1936 Carl Becker, Marie Körte (1815–1884), Erinnerungen aus Kindheit und Jugend, Halberstadt 1936

Bertsch/ Koechakian 2023 Markus Bertsch/ Eva Koechakian, Ans Licht geholt. Beobachtungen zum Werkprozess bei Caspar David Friedrich auf Grundlage von Infrarotreflektogrammen, in: Kat. Hamburg 2023, S. 375–393

Böhme 1989 Gernot Böhme, Für eine ökologische Naturästhetik, Frankfurt am Main 1989

Börsch-Supan 1966 Zwei unbekannte Landschaften von Caspar Das id Friedrich, in: Zeitschrift für Kunstgeschichte, Jg. 1966 Sonderdruck, München Berlin, S. 149–161

Börsch-Supan/Jähnig 1973 Helmut Börsch-Supan/ Karl Wilhelm Jähnig, Caspar David Friedrich, Gemälde, Druckgraphik und bildmäßige Zeichnungen, München 1973

Börsch-Supan 1990 Helmut Börsch-Supan, Caspar David Friedrich, 4. erweiterte und überarbeitete Auflage, München 1990

Busch 2003 Werner Busch, Caspar David Friedrich. Ästhetik und Religion, München 2003

Busch 2023 Werner Busch, Romantisches Kalkül, Caspar David Friedrichs »Kreuz an der Ostsee«, Berlin 2023

Gleimhaus 2000 Der Freundschaftstempel im Gleimhaus zu Halberstadt, Porträts des 18. Jahrhunderts, Bestandskatalog, hg. v. Gleimhaus Halberstadt, Leipzig 2000

Giebe/ Möckel/ Mösl 2011 Marlies Giebe/ Viola Möckel/ Kristina Mösl, Die Gemälde Carl Gustav Carus, in: Carl Gustav Carus. Wahrnehmung und Konstruktion, Essays, Berlin, München 2011, S. 117–137

Grave 2023 Johannes Grave u.a. (Hg.), Die Kunst als Mittelpunkt der Welt, Ausgewählte Schriften und Briefe, München 2023

Grave 2012 Grave, Caspar David Friedrich, München London New York 2012

Grummt 2008 Der Wald bei Caspar David Friedrich. Kunst als religiöse Umdeutung der Natur? In: Ute Jung-Kaiser (Hg.), Der Wald als romantischer Topos, Bern 2008, S. 107–128

Grummt 2011 Christina Grummt, Caspar David Friedrich, Die Zeichnungen – Das gesamte Werk, München 2011

Hampel 2000 Johann Carl Gottlieb Hampel, Die Restauration alter und schadhaft gewordener Gemälde in ihrem ganzem Umfange nebst einer Anleitung zur Frescomalerei, Weimar 1846 (Nachdruck Hannover 2000)

Hinderer 2011 Kirsten Hinderer, »Der Morgen« aus dem Tageszeitzyklus von Caspar David Friedrich. Erläuterungen zu Material und Arbeitsweise, in: Kat. Hannover/ Köln 2011, S. 91–97

Hinz 1964 Sigrid Hinz, Zur Datierung der norddeutschen Landschaften C.D. Friedrichs, Greifswald-Stralsunder Jahrbuch IV, 1964, S. 241 -268

Hinz 1966 Sigrid Hinz, Caspar David Friedrich als Zeichner. Ein Beitrag zur stilistischen Entwicklung der Zeichnungen und ihrer Bedeutung für die Datierung von Gemälden, Diss. Greifswald 1966 (ungedruckt)

Jung-Kaiser 2007 Ute Jung-Kaiser, Der Wald als romantischer Topos (Einführung in ein interdisziplinäres Symposium), in: Dieselbe (Hg.), Der Wald als romantischer Topos, Bern 2008, S. 13–35

Kat. Berlin 2024 Caspar David Friedrich. Unendliche Landschaften. Nationalgalerie der staatlichen Museen zu Berlin

Kat. Gleimhaus Halberstadt 2004 Kat. Das Jahrhundert der Freundschaft. Johann Wilhelm Gleim und seine Zeitgenossen, hg. von Ute Pott, Göttingen 2004

Kat. Hamburg 2023 Kat. Caspar David Friedrich. Kunst für eine neue Zeit, Kunsthalle Hamburg, Berlin 2023

Kat. Hannover 2011 Kat. Nah und Fern. Landschaftsmalerei von Brueghel bis Corinth, Niedersächsisches Landesmuseum Hannover, Köln 2011

Körte 1815 Wilhelm Körte, Über Preßfreiheit. Ein Turn-Schreiben an alle Verfechter des Preßzwangs, Halberstadt, Bureau für Literatur und Kunst 1815.

Körte 1841 Wilhelm Körte, Das Andenken G. F. A. Schöner's, des Bildnißmalers, in: Gemeinnütziges Wochenblatt für Halberstadt und die Umgegend, 6.Jg., 27. März 1841, S. 97–99

Körte 1846b Verzeichniß der nachgelassenen Bücher des hieselbst verstorbenen Dr. Wihelm Körte, Halberstadt 1846, S. 6–9, 94–96.

Körte 1847 Verzeichnis von Kupferstichen, Radierungen, Holzschnitten und Werken enthaltend die Sammlungen … des verstorbenen Herrn Dr. W. Körte in Halberstadt. Leipzig 1847, S. 64f.

Kügelgen 1870/ 1970 Wilhelm von Kügelgen, Jugenderinnerungen eines alten Mannes, Berlin 1970 (Erstveröffentlichung 1870)

Küster 2008 Hansjörg Küster, Der Wald-Mythos der Deutschen. Genese, Wirkung, Entzauberung, Überlegungen eines Pflanzenökologen, in: Ute Jung-Kaiser (Hg.), Der Wald als romantischer Topos, Berlin 2008, S. 53–69

Lacher 2010 »Das Bild der Seele, oder die Seele selbst, sichtbar gemacht«. Das Gesicht als Membran, in: Kat. Von Mensch zu Mensch. Porträtkunst und Porträtkultur der Aufklärung, Göttingen 2010, S. 29–39

Märker 2007 Peter Märker, Caspar David Friedrich. Geschichte als Natur, Heidelberg 2007

Möckel/ Castro 2013 Viola Möckel/ Silvia Castro, Zur Maltechnik Philipp Otto Runges, in: Markus Bertsch, Hubertus Gaßner, Jens Howoldt (Hg.), Kosmos Runge. Das Hamburger Symposium, Hamburger Kunsthalle, München 2013, S. 89–115

Mösl 2021 Kristina Mösl, Mönch am Meer und Abtei im Eichwald. Forschungen zur Maltechnik Caspar David Friedrichs, in: Jahrbuch der Berliner Museen 2020, Beiheft, 61. Band, Print und digitaler Anhang, Berlin 2021 (digitaler Anhang abrufbar unter http://reimer-mann-verlag.de/pdfs/302875_1.pdf)

Most et al. 2024 (I) Mechthild Most/ Eva Wenders de Calisse/ Jens Bartoll/ Kirsten Hinderer, Zur Maltechnik Caspar David Friedrichs im Bestand der Stiftung Preußische Schlösser und Gärten Berlin-Brandenburg und des Landesmuseums Hannover, www.perspectivia.net 2024 (in Vorbereitung)

Most et al. 2024 (II) Mechthild Most/ Eva Wenders de Calisse/ Kristina Mösl/ Maria Körber/ Kathleen Hohenstein/ Kirsten Hinderer/ Anna Krone/ Anne Levin/ Carolin Heinemann, Caspar David Friedrichs Werkgenese. Kunsttechnologie der Gemälde aus den Sammlungen der Alte Nationalgalerie Berlin, der Stiftung Preußische Schlösser und Gärten Berlin-Brandenburg, der Galerie Neue Meister Dresden, des Landesmuseum Hannover, der Staatsgalerie Stuttgart, der Klassik Stiftung Weimar (Arbeitstitel), in: Zeitschrift für Kunsttechnologie und Konservierung, Band 2, Worms 2024 (in Vorbereitung)

Niemann 1824 Ludwig Ferdinand Niemann, Die Stadt Halberstadt und die Umgebung derselben. Versuch eines topographischen Handbuchs für Einheimische und Reisende, Halberstadt 1824

Ochiai 2015 Momoko Ochiai, Die Tages- und Jahreszeitenzyklen von Caspar David Friedrich, Diss. Frankfurt am Main 2015

Rautmann 1976 Der Hamburger Sepiazyklus. Natur und bürgerliche Emanzipation bei Caspar David Friedrich, in: Berthold Hinz u. a., Bürgerliche Revolution und Romantik. Natur und Gesellschaft bei Caspar David Friedrich, Giessen 1976, S. 73–109

Rautmann 1979 Peter Rautmann, Caspar David Friedrich, Landschaft als Sinnbild entfalteter bürgerlicher Wirklichkeitsaneignung, Frankfurt am Main 1979 (= Kunstwissenschaftliche Studien, Bd. 7)

Rautmann 2010 Ruinenlandschaften von Caspar David Friedrich. Montage als Konstruktion von Erinnerung, in: Richard Faber/Christine Holste (Hg.), Arkadische Kulturlandschaft und Gartenkunst. Eine Tour d'Horizon, Würzburg 2010, S. 201–225

Schreiner/Timm 1990 Ludwig Schreiner, Die Gemälde des 19. und 20. Jahrhunderts in der Niedersächsischen Landesgalerie Hannover, neu bearbeitet und ergänzt von Regine Timm, Hannover 1990

Sumowski 1970 Werner Sumowski, Caspar David Friedrich-Studien, Wiesbaden 1970

Tieck 1994 Ludwig Tieck, Franz Sternbalds Wanderungen. Eine altdeutsche Geschichte, Universal-Bibliothek Nr. 8715, Stuttgart 1966 (ergänzt 1994)

Weisner 2011 Annette Weisner, Caspar David Friedrich. Die Tageszeiten, in: Kat. Hannover/Köln 2011, S. 76–89

Werner 1929 Johannes Werner, Die Schwestern Bardua, Leipzig 1929

Wulf 2016 Andrea Wulf, Alexander von Humboldt und die Erfindung der Natur, 12. Aufl., München 2016

Zschoche 2005 Herrmann Zschoche, Caspar David Friedrich, Die Briefe, Hamburg 2005